財務会計制度の論と理

中村文彦 著

東京 森山書店 発行

ま　え　が　き

　本書は、本年度より、国税庁の研修機関である税務大学校の専科の専門科目「財務諸表論」を担当する運びとなったのに伴い、新たに書き下ろしたテキストである。

　財務会計の領域は、21世紀に入る少し前から続く大きな変革期のなかに置かれている。これは、「ひと」と「ひと」とのコミュニケーションを基礎とするビジネス活動のあり方が、古くから行われてきた「対面ベース」を中心としたものから、通信技術を利用した「ネットワーク・ベース」を中心としたものへと大きくウエイトを移すのに伴って、財・サービスの提供方法、資金移動、投資手法、決済手段等あらゆる面で複雑化・多様化・グローバル化が加速したことが大きく関わっている。変化し続けるこうしたビジネス活動を描写するためには、会計基準をはじめとする会計ルールにも相応の対応が必要となるからである。その結果、多くの会計基準が生み出され、複雑で詳細な会計処理が財務会計の領域に盛り込まれたことは周知の事実である。

　この変化は、財務会計の学習に2つの問題をもたらしている。第一に、新しい会計処理が増加したことに伴い、学習のボリュームが飛躍的に増大したことである。第二に、新しい会計基準の会計処理が追加されたことで、従来からテキストで採用されてきた記述体系を用いて全体を説明することが難しくなったことである。

　財務会計の学習を志す者にとって、こうした状況は、一種の参入障壁をもたらすことは明らかである。例えば、山登りの最中に、あとどれだけ登れば頂上にたどり着くのかという目安がないまま延々と登り続けていくのであれば、登頂の過程に楽しさはないであろうし、体力・気力の配分を適正に行うことはできない。したがって、登頂自体をはじめから断念するものも多いであろう。そ

れと同様の現象が、財務会計の学習にも生じることになるからである。

　こうした背景を考慮して、本書を著すに際しては、拙著『簿記の思考と技法』を学び終えた学習者を対象として想定し、それらの方々が財務会計の領域に正しくアプローチできるようになることを企図して、さらに次の3つの点に留意した。

　第一に、「財務（ファイナンス）の思考」と「会計の思考」とのリンケージを考慮して、それらの結びつきを必要に応じて統一的視点から説明すること。

　第二に、会計ビッグバン後に公表された膨大な会計基準と、複雑化した制度会計のルールを、ひと通り網羅しつつ、可能な限り体系的な視点でかつ簡潔に説明すること。

　第三に、従来から良質なテキストで行われているような説明手法を踏まえて、その後の実務や研究にも役立つ論点・視点を整理して提示すること。

　本書を利用した方々が、財務会計の全体像を首尾よく理解され、そこに面白さを感じていただければ、望外の喜びである。

　最後に、家族（久美子、知誠、美月）を含め、今日に至るまで小生を支えてくれた多くの方々、特に、最初の博士課程以来ご指導頂いている善積康夫千葉大学大学院教授と、慶應義塾における学びと教えをご支援頂いている友岡賛教授に謝意を申し上げる。

　出版事情の厳しい現在、テキストの出版を快くお引き受け下さった菅田直文社長と菅田直也氏、森山書店の皆様に感謝を申し上げる。

　2021年5月

西早稲田の別宅にて
中　村　文　彦

目　　次

第1講
財務会計の視点

第1節　会計という行為

　経済社会は、様々な主体が行う行為や活動から成り立つ、ひとつの体系と捉えることができる。そのなかで、経済主体が行う様々な経済活動は、各種の生産要素を用い、財やサービスを継続的に供給し社会に経済価値を付加する役割を担っており、社会の方向性をも左右する強い影響力を有している。

　経済主体には、その参加者が営利を目的として集まり経営活動を展開する企業から、必ずしも営利を目的としない形で集まり運営活動を行う非営利組織に至るまで、実に様々な種類が存在している。

　これらの経済主体は、固有の目的を達成し得るよう、各々の思考に基づいて経済活動を行う。ただし、いずれの経済主体であっても、財やサービスを生産し、市場へと供給するには、それに先立って、十分な経営資源を調達し、活動のための財政的基礎を構築しなければならないという点においては、大きな相違はない。

　経済主体に対して経営資源を提供する主体を、特に、ステークホルダーあるいは利害関係者という。これは、経済主体の経営パフォーマンスが成功するか否かによって、資源提供者自身の効用あるいは利害が結果的に左右されるという関係が、経営資源の提供という行為を通じて、経済主体との間に構築される

2

図表1－1　経済主体・利害関係者間の利害関係

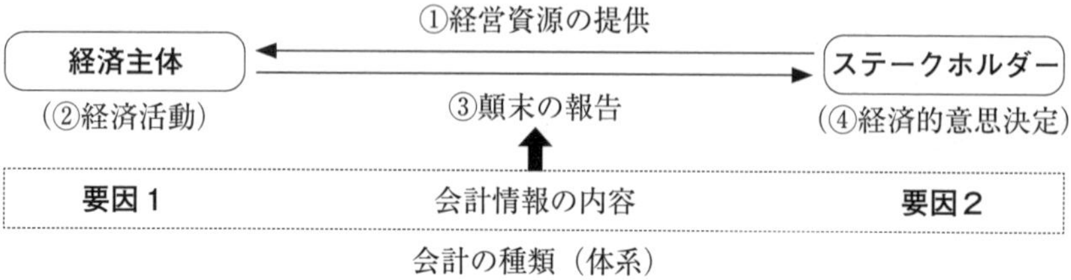

①経営資源の提供

経済主体		ステークホルダー
（②経済活動）	③顛末の報告	（④経済的意思決定）
要因1	会計情報の内容	要因2

会計の種類（体系）

ことに由来する（図表1－1）。

　そのため、各種のステークホルダーは、この利害関係を前提としながら、経営資源の提供を行うことになる（図表1－1①）。こうして、経済主体は、提供を受けた経営資源を用い、実際の経済活動を行うことが可能となる（図表1－1②）。

　「会計」という行為は、経済主体の経済活動の顛末を、財務的な側面から明らかにし、会計情報を提供することで、少なくとも、2つの役割を担う。ひとつは、経済主体とその運営者が、自らの行なった経済活動の巧拙、あるいは良否について見直すための資料を提供することである。もうひとつは、様々なステークホルダーが有している関心に応え、当該利害関係の経済的意思決定を支援する役割である。

　具体的には、会計という行為を通じて、経済活動を「会計数値」により要約的に描写し、その顛末を報告する（図表1－1③）プロセスを通じて、経済主体自身あるいはステークホルダーが、経済主体の経済活動の効率性や経営パフォーマンスの良否を判断し得るような会計情報を提供する役割を担っている。その結果、経済主体は、自己のパフォーマンスをより良いものとする行動機会を得ることができ、ステークホルダーは、現在の利害関係の見直しも含め、さらなる経済的意思決定のための判断材料を得ることができる（図表1－1④）。

　先に述べたように、今日の社会では、目的を異にする多様な経済主体が存在するため、それに応じて異なる会計体系が整備されている。また、経済主体と

利害関係を持つステークホルダーに関しては、技術的な進歩等を背景とする社会連鎖の変化に伴いその範囲を拡大しているため、利害関係の内容も徐々に変容してきている。したがって、顛末として報告される会計情報の内容も、こうした実体経済のダイナミクスに応じて、次第に変容してきているのである（図表1-1、要因1および要因2）。

　本書では、会計という領域のうち企業会計、特に財務会計に焦点を当て、主に2つのことを学ぶ。ひとつは、上記のようなダイナミクスに左右されないコアの部分、すなわち、財務会計のごく基本的な「仕組み」と「会計思考」である。いまひとつは、こうしたダイナミクスを生み出す財務会計の制度形成に関わる「論（ろん）（意見）」と「理（ことわり）（筋道）」である。

第2節　ビジネス活動と会計情報

（a）様々な会計領域と企業会計

　企業会計は、営利目的の組織である企業に焦点を当て、そのビジネス活動を、貨幣という単位を用いて会計数値により描写し、要約的な会計情報として報告する領域である。企業のビジネス活動を、実際に行われる事柄という意味で実像とみれば、会計情報は、それを会計というツールを用いて描写した写像と解することができる。

　企業の営利性には、少なくとも、①企業自身が元手を用いてビジネス活動を行い、結果として元手を上回る（超過する）利益を獲得する、②企業が獲得した利益を更に構成員（出資者等）間で分配し、各々の構成員を利する、③環境問題等のビジネス活動の外部効果をも経営上の重要課題と捉えて、公共の利益を確保する、という3つの概念が存在している。

　これら営利性のいずれにウエイトを置くのかは、企業ごとに異なるのが実情である。例えば、利潤極大化を行動原理とする企業であれば、①および②を重視すると考えられる。これに対し、社会におけるプレゼンスを高めることを行動原理とする企業であれば、③を重視する可能性は高いであろう。

　このように考えると、会計というツールは、単に、ビジネス活動を写し取るだけではなく、それぞれの会計情報のニーズに応じて、これらの営利性を的確に会計情報に表現し得るものでなければならないことが分かる。

　ところで、会計情報のニーズという視点から見ると、企業会計は２つの領域に分類することができる。第一の領域は、管理会計の領域である。企業（およびその経営者）は企業会計を用いてビジネス活動に関わる様々な会計情報を作成し、営利性の確保に配慮しながら、自らの経営や経営管理その他の効率化・合理化に利用する。かかる視点からの会計は、経済主体の内部者（経営者、事業部長、工場長、職長等）を会計情報の報告対象とすることから管理会計と呼ばれている。

　管理会計には、主に業績評価会計と意思決定会計の２つの領域が存在する。業績評価会計は、経営者および経営管理者の資金調達、投下運用（生産）、販売等の活動業績を評価し、これをコントロールする会計領域である。これに対し、意思決定会計は、何らかの投資プロジェクトにおいて、経営者や経営管理者が行う意思決定に対して判断材料を提供する会計領域である。

　第二の領域は、財務会計である。複式簿記で企業内に蓄積されたデータベースを用いて、ビジネス活動の要約情報として作成された会計情報は、今日、内部管理目的だけではなく、外部のステークホルダーに対して財務報告制度（ディスクロージャー制度）を通じて公開されている。こうした視点からの会計は、経済主体の外部のステークホルダーを会計情報の報告対象とすることから財務会計と呼ばれている。財務会計については、次節において詳しく扱う。

　以上の企業会計の他にも、会計には経済主体の経済活動の違いに応じて様々な体系が存在する（図表１－１、要因１）。例えば、非営利目的の組織である行政機関、すなわち、国や地方自治体、独立行政法人、公営企業等の経済活動の顛末を描写する会計領域は公会計と呼ばれる。

　行政機関は、集めた税を適切にかつ効率的に行政目的のために使用しなければならない。この行政をステークホルダーの視点から評価し得るようにするため、公会計には、収支均衡という基本原理に基づいて、予算を適切に遂行した

か否かが明確に表現され得る体系性が求められている。

　また、非営利目的の組織である非営利組織、すなわち、公益法人、社会福祉法人、学校法人、医療法人、ＮＰＯ等の経済活動の顛末を描写する会計領域は非営利組織会計と呼ばれる。

　非営利組織は、社会的ニーズの高い非営利事業の運営を目的とする組織であり、当該目的に沿った経済活動を行うことで、社会に貢献する役割を持っている。したがって、前記の②の営利性に関しては本質的に否定されている。

　しかしながら、非営利組織が経済活動を拡大することはその非営利の業務自体の社会におけるプレゼンスを高めることに資する。この点から、非営利組織自体の成長に関わる①の営利性については、一定条件のもとで部分的に認められることが多い。

（b）ビジネス活動と会計情報

　企業のビジネス活動の内容は、経営戦略の立案、経営組織の構築と運営、生産活動とその管理、マーケティングに関わる活動、労務に関する管理活動、財務管理活動等々、非常に多岐にわたっており、また、その業種・業態・規模についても、企業ごとに千差万別である。

　社会科学の領域では、こうした多様性を持つビジネス活動について、合理性や効率性を希求する本質的な観点から、統一的に捉えて分析・考察するための理論構築が繰り返し試みられている。そのひとつとして、今日、どの立場から見ても概ね共通するのが、企業のビジネス活動におけるマネジメント・プロセスを、ⓐ計画、ⓑ実施・実行、ⓒ評価、ⓓ統制、という４つのフェイズに区分する捉え方である。

　既に述べたように、企業とその経営者は、ビジネス活動に関わる様々な会計情報を作成し、営利性の確保に配慮しながら、自らの経営や経営管理その他の効率化・合理化に利用する。そこで、まずは、マネジメント・プロセスの４つのフェイズそれぞれで会計情報がどのように利用されているかを概観する。

【計画のフェイズと会計情報】

　計画のフェイズにおいて企業は、所与の環境のなかで自己の経営資源を適切に配分し競争力を確保するため、経営目標の設定、経営計画の立案、経営戦略の策定等を行い、ビジョンを明らかにする。

　経営目標は、企業が目指すビジネス活動の方向性を決める重要な要素である。そのため、企業はマーケティングによる市場調査や損益予測に、損益分岐点分析をはじめとする様々な会計情報を利用することで、根拠を有する目標数値を提示するように努める。

　目標が一旦定まると、それを達成するための具体的な経営計画の立案が必要となる。経営計画には、その対象期間に応じて、短期計画、中期計画、長期計画の3種類が存在する。経営目標を確実に遂行するため、計画には数値的裏付けが不可欠となる。数値的に達成可能という見込みが得られなければ、計画通り経営活動を進められないからである。それゆえ、計画の立案過程においても企業は会計情報を利用することになる。

　経営戦略は、その効果が企業のヒエラルキーの如何なるレベルに及ぶかという視点から、企業全体に影響を持つ企業戦略、事業レベルに影響を持つ事業戦略、そして機能レベルに影響を持つ機能戦略、の3つに分類することができる。

　いずれのレベルであっても、ビジネス活動の実施・実行のフェイズに関わる全てのプロセス、すなわち、資金調達戦略、仕入戦略、生産戦略、販売戦略を順次策定し、その上で、それら活動を資金面からコントロールするために、会計情報を利用しながら予算制度を利用して予算を設定する必要がある。

【実施・実行のフェイズと会計情報】

　実施・実行のフェイズでは、計画のフェイズにおいて立案された計画内容に沿って、経営者や経営管理者により実際にビジネス活動が行われる。予算制度の視点から見れば、このフェイズは予算執行のプロセスというこ

とができる。

　このフェイズを資金循環プロセスの視点から捉えると、次のように示すことができる。まず、第一段階の資金調達活動に関して、経営者は、資本コストと収益率の関係を考慮しながら資金調達に関する財務的な意思決定を行わなくてはならない。そのため、会計数値その他を利用しながら財務管理が行われる必要がある。

　次に、投下運用活動で企業は仕入活動や生産活動を行う。仕入活動では商品の仕入や付帯業務が行われ、また生産活動では原材料の仕入や製造が行われる。そのため、商品や原材料の数量・価格や製品の単価あたりの製造コスト等の管理のために、原価管理や在庫管理が行われる必要がある。

　さらに、販売活動についても、払出数量・価格や売上、販売費、利益等について管理される必要がある。これらは、単に企業業績の良否に関わる事項というだけでなく、経営者のパフォーマンスをも示すものであり、また、予定された経営計画や経営目標に関する達成度合いを確認する上でも非常に重要である。もちろん、これらに加えて現代のビジネスにおいて供与される与信の管理を行うこと（与信管理）も重要なタスクとなる。

【評価のフェイズと会計情報】

　評価のフェイズでは、実施・実行のフェイズにおける様々な活動に関して、実際に得られたパフォーマンスと、計画のフェイズで立案された各種の経営計画とを対比しながら、チェックが行われる。

　会計の視点から予算制度を利用する場合、実績と予算との対比が行われ、また、標準原価計算制度を利用する場合、実際原価との対比が行われ、未達成の事項や合理性・効率性が十分でない部分に関しては、その原因が調査される。

　この評価のフェイズには、実施・実行段階で行われる日常の評価活動と、一定期間ごとに行われる期間的な評価活動が存在する。これは、計画と実績との対比によって評価を行うことに由来している。すなわち、経営

8

計画は、短期・中期・長期の分類に基づき立案されるため、評価もそれらに合わせて行われることになるからである。

【統制のフェイズと会計情報】

統制のフェイズは、評価のフェイズの結果を踏まえて行われる。統制には、事前統制、日常的統制、事後統制の3つの基本的な種類がある。

事前統制には、計画段階で設定した予算制度が存在する。予算は、基本的な行動範囲と内容を数値面から規定し、その執行を通じて予定内の成果を得ることを目的として設定される。予算によって予定された以外の行動・内容は、差異を生じさせる要因としてコントロールの対象となる。したがって、予算の存在は達成のインセンティブを与えることになる。

日常的統制に関しては、実施・実行における予算の執行状況や計画の遂行状況を日常的に評価し、予定と実績とを比較考量した後に、コントロールの対象となる事項を、実施・実行段階に日常的にフィードバックさせ、そのパフォーマンスを改善するものである。

事後統制は、一定のタームの後、目標と実績の比較検討、実施者の業績評価等が行われ、その結果を最終的に、計画のフェイズにおける経営計画、経営目標、経営戦略や、実施・実行のフェイズにおける資金調達活動、投下運用活動、販売回収活動へとフィードバックし，各項目を修正・改善するものである。

第3節　ステークホルダーと会計情報のニーズ

（a）財務会計の機能

現代の企業には、様々なステークホルダーが存在し、それぞれ自己の利害に関わる会計情報を必要としている。これらステークホルダーの情報ニーズに応え、財務報告制度（ディスクロージャー制度）等を通じて財務諸表によって会計情報を供給する役割を果たすのが財務会計である。

　財務会計のなかでも、法律によって会計ルールが強制されている領域を制度会計といい、今日では会社法会計、金融商品取引法会計、法人税法会計がこの制度会計領域とされている。

　歴史的に見ると、ある経済主体のビジネス活動を要約した財務諸表は、もともとは、ごく限られた範囲の主体によって利用される性質のものであったが、今日では、株式会社制度の普及と発展の過程を通じて、ビジネス活動の影響が社会的に広範囲に及ぶようになってきている。そのため、こうした広範な関わりから生じる利害関係とそのステークホルダーとを保護する目的で、法律によって会計ルールが強制化されているのである。

　むろん、財務会計には制度会計以外の会計領域も存在している。例えば、証券取引所には、自主規制の視点から企業に開示を要求する決算短信というシステムが存在する。また、近年のステークホルダーの範囲拡大に応じて社会的なニーズが高まったことから企業に対し公表が要求されてきている環境報告書やCSR（企業の社会的責任）報告書等も、今日では重要性を高めてきている。

　いずれにせよ、多様なステークホルダーが抱く関心に応え、その利害関係に基づいた経済的意思決定を支援する役割を財務会計は担っているのである。

　以下では、それぞれのステークホルダーが、企業との間にどのような利害関係を持ち、如何なる会計情報に関心を寄せているのか、すなわち会計情報ニーズに焦点を当て、財務会計がこれらに対して担う機能について概観する。

（b）株　　主

　出資者は企業に出資し、その出資金額に応じて企業の割合的単位である株式を持分として取得し、株主となる。

　株主は、出資の見返りとして、持分のほか、2つの行使権、すなわち、自己の利害に直接関わる「自益権」と、企業経営上の意思決定をはじめ、株主全般に関わる「共益権」を得る。株券はこの株式と権利を表象する証券である。

　出資金は、株式を発行市場で発行した場合の対価として企業に流入する。この出資金は、企業の元手（原資）として元入れされるため、減資等の特殊ケー

スを除いて、払戻しは基本的にできない仕組みとなっている。そのため、株主はビジネスリスクの負担者となり、自己の利得を極大化するような経営を、経営者に対して期待する立場となる。

ただし、株主は流通市場を通じて、持分を別の主体にいつでも転売出来るため、投下した分と同額の資金を回収することは可能である。したがって、制度上は、株式を発行市場で取得した株主と流通市場で取得した株主の2種類が混在していることになる。

株式の保有目的に関しては、利殖を目的とする保有と、企業支配等を目的とする保有とがあり、その保有期間も短期と長期とが存在する。

株式の短期保有者は、価格形成の側面に着眼し、その売買差益を得ることが主たる目的であるため、保有する株式の価格変動に関わる会計情報に関心を寄せることになる。これに対して、長期保有者は、長期運用によるリターンの達成や企業間の関係構築等が目的となるため、短期的な価格形成の動向よりも、むしろ、長期的な経営安定化や活性化に関する会計情報に関心を寄せる。

（c）社　債　権　者

企業は、長期的に安定的な資金を調達する場合、収益力や規模、対外的な信用度に基づいて、社債を発行することがある。対外的な信用度を測る指標には、様々なものがあるが、格付け機関による債権の格付け情報は、この信用や安全性を示す指標として一定の役割を果たしている。

社債は、民間債のひとつであり、その発行対象は様々である。そのため、私募債から公募債等、多様なものが存在する。また、発行に際して担保の設定を要するか否かという視点からも、無担保で発行する場合もあれば、担保を設定して発行する場合もある。

社債は、①予め設定された一定期間、定期的に利払いを行い、②その期間が経過し期日が到来すれば、元本を償還する、という2つの基本契約を柱として発行される有価証券である。したがって、社債券の購入者である社債権者は、一定の期間、企業に資金を提供する経済主体ではあるが、期日までの間、定期

的に利息を受け取り、また、期日には当該資金の償還を求める、という意味で、資金貸与者となる。

　ただし、今日の傾向として、社債の発行時に担保を設定しないケースが増大しつつあること、また、元本償還や利払いの確実性は経営に依存すること等から、社債権者はデフォルト・リスクの負担者として位置づけられている。

　企業は、社債発行が予定通りに行われないこうした状況を回避するため、社債発行時に純資産維持条項等のような、会計情報の内容に大きく関連する財務上の特約を付したり、発行時点で償還日までの利息を全て割引いたりすることで、ステークホルダーである購入者の保護を図り、その信頼を高める工夫を行っている。

　特に、財務上の特約に関して、各企業の条項遵守の徹底化を図るため、監査済みの会計情報により判定することが制度上定められている。企業がこの規定に違反した場合、ステークホルダーとしての社債権者は、予め条項に定められた繰上償還を行う等の対応策を講じることが出来ることを考えると、会計情報は大きな役割を担っているといえるだろう。

（d）投　資　者

　投資者とは、金融商品その他への投資を行う経済主体をいう。投資対象が株式や社債となる場合も存在するが、ここでいう投資者には、現在の所有者だけではなく、そうした株式や社債に対する投資を、将来的に行うか否かを判断しようとする、いわゆる、潜在的な所有者も含まれていることに注意が必要であろう。

　投資者は、投資を行う主体であるから、投資活動に有用な情報を必要としている。例えば、投資対象を選定する際には、候補となる対象企業の基本的な会計情報を利用する、あるいはその他の情報を用いる等によって、企業が把握した実態よりも割安となっている投資対象を見つけ出すことが行われる。

　この際、投資者は、得られた情報に基づいて、ファンダメンタル分析をはじめとする様々な手法による企業分析を行い、その結果を用いて当該候補企業が

投資対象となるか否かを判断する。また、そうした手法を自ら行わなくとも、専門職・専門業者に企業分析を委ね、その分析結果を情報として購入し、判断材料とする場合もある。

投資者には、個人から機関投資家に至るまで、様々なものが存在する。なかでも、現代において、重要性が高いのは、機関投資家である。

機関投資家には、①企業等が独自に設置する私的年金制度（企業年金制度）の運用資金を原資として、その投資活動を行う年金基金や、②保険運用のための資金を原資として、投資活動を行う生命保険会社が含まれており、どちらも、保有する巨額の資金を、長期的視点から投資運用する主体として、投資市場において大きな存在感を示している。

特に、こうした機関投資家が、ある特定の株式を大量に保有する場合には、その投資企業の経営内容が芳しくない場合であっても、当該保有株を一気に手放すことは難しい。大量に市場に放出することで、株式の大きな下落を招き、かえって損失を大きくさせてしまう可能性があるためである。したがって、このような場合には、株主としての権利を行使し、いわゆる「モノをいう株主」として、経営活動上の意思決定に介入し、自らに有利な方向に経営活動を向けることが試みられることになる。

投資者の投資活動は、基本的には、図表1－2に示すようなサイクルによって行われる。

図表1－2　投資のサイクル

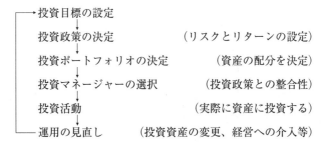

　年金ＡＬＭの手法に基づいて、投資マネージャーを活用する年金基金を例にとって、この投資のサイクルを簡潔に説明すると次のようになる（実際のケースには、様々なバリエーションが存在する）。

【投資目標の決定】

　企業年金制度を設置する企業は、年金基金の運営を、基金の財政を構成する３つの変動的要素、すなわち、制度負債（給付すべき債務）と、制度資産（拠出額に基づく給付原資）、そして両者の差額としての年金剰余金、に関する管理を通じて行う。この管理のモデリング・方法等には様々な視点があるが、債務の変動、積立比率、成熟度等の指標に基づいて企業も含めた年金政策が立案され、そこから基金の投資目標が決定される。

【投資政策の決定】

　年金政策が決定されると、それを、年金制度負債の管理に関わる給付政策、年金制度資産の運用管理に関わる投資政策、そして基金財政と年金剰余金の管理に関わる積立政策という、３つの政策レベルに具体化する。

　そのなかで、投資政策は、投資目標に到達するために、必要な投資ポリシーを導出する政策として重要である。すなわち、ハイ・リスク＝ハイ・リターンのアクティブ投資を行うべきか、それとも、ロー・リスク＝ロー・リターンのパッシブ投資を行えば良いのか等、投資活動に関する基本的なリスク＝リターンの選好度が、この段階で決定されることになる。

【投資ポートフォリオの決定】

　投資の基本ポリシーが定まったら、次は、アセット・アロケーション（投資資産の配分）を行う。ここでは、基金の投資目標を達成するために、株式、債権、その他の投資対象資産に、どのような割合で投資を行うのか、つまり、投資資産の配分が設定される。ただし、投資には見直し・変更の余地が必要であるため、これをポリシー・アセット・ミックスという枠組みで緩やかに提示し

ておくことにより、そうした投資資産の見直し・変更にも対処が可能な余地を
残すのである。

【投資マネージャーの選択】

基金の投資活動を実際に担うのは、投資マネージャーである。投資の専門家
である投資マネージャーは、それぞれのリスク＝リターン選好度に基づいて投
資活動を行うため、基金は、自己のリスク＝リターン選好度と、それを具体化
したポリシー・アセット・ミックスに基づいて、それらの達成のために最適と
思われる投資マネージャーを選択することになる。

【投資活動】

実際の投資活動は、基金のポリシー・アセット・ミックスに基づいて、投資
マネージャーが行うことになる。投資マネージャーは、ポリシー・アセット・
ミックスの枠組みの範囲内において、実際の投資資産の構成を組み替える等、
日々変動する投資環境に適応しながら投資活動を行うこととなる。

【運用の見直し】

一連の投資活動が終了すると、基金は、投資活動の成果を含め全体的な評価
を行わなければならない。例えば、投資マネージャーを利用する場合には、そ
のパフォーマンスを事後的に評価する必要がある。投資マネージャーが、自己
の目指すポリシー・アセット・ミックスの範囲内で投資活動を行なったか、あ
るいは委ねられた裁量において、ベストと思われる投資行動を選択したのか等
がこうした評価の視点となる。もちろん、投資マネージャーの選択が正しかっ
たのか、あるいは投資政策として選択したリスク＝リターン選好度は適切で
あったのか等、上記一連のプロセスに関わる選択行動を評価し見直しを行う必
要が存在している。

（e）銀行などの金融機関

　余剰資金を保有する経済主体が、資金が不足する主体に対して、資金を融通することを金融といい、金融を業として行う経済主体を金融機関という。

　金融機関には、中央銀行、民間金融機関、公的金融機関の３つのカテゴリーがある。このうち、国家の経済の調整機能を持つ中央銀行以外の２つが、企業のビジネス活動に直接関わっている。

　民間金融機関には、都市銀行や地方銀行のような普通銀行、信託銀行のような長期金融機関、信用金庫・信用組合・労働金庫・農業協同組合等の共同組織金融機関があり、公的金融機関には政府系金融機関である日本政策金融公庫、商工組合中央金庫、日本郵政のゆうちょ銀行等がある。

　普通銀行等の銀行（以下、単に銀行とする）は、基本的に、預金の受け入れ等に関する受信業務（預金業務）、資金の貸付けまたは手形の割引に関わる与信業務（貸付業務）、そして振込・送金等によって債権と債務を決済する為替業務（決済業務）、という３つの固有の業務を営んでいる。企業は、これらをビジネス活動で必要に応じて利用するため、銀行は企業のステークホルダーと位置付けられることになる。

　特に大きいのは、企業の資金調達への関わりである。企業は、銀行借入によって他人資本を調達するが、これをステークホルダーである銀行側から見ると、資金貸付という与信業務を通じ、経済的意思決定を行うことを意味する。

　銀行の利益創出は、預金金利と貸出金利の差分としての「利ざや」や、為替業務や金融商品の取り扱いによる手数料等によって行われる。その動きのひとつとして、銀行は企業に資金貸付を行うのである。

　しかし、企業が貸付けた資金の全額を返済（完済）するまでの間、銀行は回収リスク（貸倒れリスク）をすべて負担することになる。そのため、銀行は回収不能という事態に陥らないため、このような回収リスクを銀行のリスク政策の一環として位置付けた上で、貸出しの審査の時点から、貸出し後の管理、そして貸出し終了に至るまでの間、それぞれのノウハウに基づいて、当該企業に関わる情報を収集・分析し、モニタリングを行うことになる。会計情報は、こ

うした情報源のひとつとして積極的に利用されるため、その情報の正確性および質面および量面に関する充実度合いは、銀行の経済的意思決定に深く影響を及ぼすことになる。

　なお、こうした銀行のリスク回避行動は、当然ながら、手形割引や手形貸付、当座貸越（企業側では当座借越）等貸付け以外の業務に対しても行われる。

　この他にも銀行は、付随業務（債務の保証、有価証券の貸付け、両替、その他銀行業に付随する業務）、他業証券業（投資信託の販売等、金融商品取引法に定める一定の業務）、法定他業（信託業営法等の定めにより行う業務）を営むことが可能である。

（ｆ）従　業　員

　従業員は、労働市場を通じて企業に労働力を提供し，その対価として給与、賃金、賞与、退職給付等を得る経済主体である。したがって、ステークホルダーとしての従業員は、自己が提供する労務に現在の対価が見合っているか、あるいは現在の労働環境が良好であるか等といった、現時点における待遇に関わる情報だけでなく、将来にわたってそれらがどのように推移するかを予測するに足る情報についても、関心を強く持つことになる。

　対価などの待遇の改善・向上に積極的な姿勢で行動する場合、個人ではなく労働組合などに加入し、組織的な活動を行う場合もある。労働組合を通じて企業との待遇交渉を行うことを労使交渉というが、この労使交渉における賃金や成果配分、業績連動型報酬、企業年金をはじめとする退職給付等に関わる交渉において、従業員や労働組合は、具体的な判断材料を必要とすることになる。企業の開示する会計情報は、こうした従業員あるいは労働組合の情報ニーズに基づいて利用されるため、その内容の良否や充実度（特に、退職給付に関わる退職給付債務や積立状況そして運用状況に関わる情報）は、経済的意思決定（労働契約の継続・停止に関わる意思決定、賃金等の交渉の強化、労働環境の改善要求等々）に強い影響を及ぼすことになる。

（g）国・地方自治体

　国や地方自治体は、競争市場環境によって必ずしも効率的に行われ得ない類の様々な公共サービスを提供する（公共性ある事業活動を行う）経済主体である。公共サービスの内容は、道路をはじめとする社会資本の供給、国の防衛活動や警察等の安全に関わる治安活動、医療や年金等の厚生に関わるサービス提供、教育に関わる活動等、非常に多岐にわたっており、複雑な現代の経済社会を財政という視点から着実に支える役割を担っている。

　この財政の主たる財源のひとつが税である。現代の財源は、所得税、法人税、消費税をはじめとする国税や様々な地方税等から構成される「税制度」を通じ徴収されている。税は、様々な主体に対して公平に、体系的・計画的に課される必要がある。そのため、それぞれの税制度は、国や地方自治体等の全体的・総合的な視点から極力整合的になるように設計・整備されている。

　企業に対しても、法人税や消費税、住民税をはじめ様々な税制度が課されている。これは、企業のビジネス活動はこうした公共サービスの恩典が存在してはじめて安全にかつ継続的に行い得るためである。

　国や地方自治体は、企業からの税収の多寡に強い関心を有する。それは、企業からの税収の多寡が財政の規模に影響し、ひいては提供可能な公共サービスを左右するからである。

　企業からの税収の多寡は、基本的に、企業業績に基づいて算定される課税所得によって決定される。したがって、国・地方自治体はステークホルダーとしてそうした企業業績に関わる会計情報に対して強い関心を有することになる。

（h）そ　の　他

　今日では様々なステークホルダーが企業のビジネス活動とその顛末の要約された会計情報に関心を持っている。ステークホルダーには、大別して、取引を通じて直接的に利害関係を有するものと、企業という存在の社会的な意義に照らして間接的に利害関係を有するものがあり、以上では、主として、直接的な関係にあるステークホルダーに焦点を当てて検討してきた。ただし、直接的関

係にあるステークホルダーには、以上でとり上げなかった原材料や商品の仕入先、あるいは得意先・顧客等も含まれることに注意が必要である。これらは、経営戦略の分析視点であるファイブフォース分析において、「売り手」や「買い手」という形で企業の仕入戦略や販売戦略に直接関わっている。したがって、それぞれが直接取引を通じて交渉における判断材料のひとつとして企業の会計情報を必要とするという意味において、その重要性は高いといえる。

　この他、社会を通じて間接的に関わるステークホルダーに対しても企業は会計情報の開示政策を検討する必要も存在する。

　例えば、地域住民は、企業が所在する地域に居住する者として、企業経営・運営に何らかの形で関わることが多い。企業が利益を上げ税収が増大すれば、地域財政への還元がなされる。一方で、企業のビジネス次第では、大気汚染・公害・騒音等といったマイナスの影響をもたらすこともある。そのため、地域住民は、企業の業績だけでなく、企業の環境問題へ取り組み等にも強い関心を持っている。

　また、環境に関わる企業の取り組み以外についても、財務的な視点から開示する要求も今日では拡大してきている。この例として企業の社会的責任（CSR）の財務情報に対する高いニーズを指摘することができる。

　要するに、今日の社会は日々複雑化しているため、企業が関わりを持つステークホルダーも、ますます広範なものとなってきているのである。その意味で、企業は、日々拡大する様々なステークホルダーの会計情報ニーズに応じて、必要な情報を迅速かつ十分に提供する責務を負っていることになる。

研 究 問 題

問題1　財務会計、管理会計、公会計を比較し、違いについて述べなさい。

問題2　株主の行使権である自益権と共益権について簡潔に説明しなさい。

文 献 研 究

1　会計とは何か？：本質を捉えるアプローチの研究

（藤井秀樹『入門財務会計（第3版）』中央経済社、2019年。）

　会計の本質を捉える視点には様々なものが存在し、いずれを採用するかで、明らかにし得る特性が異なる。本書は、著者の膨大かつ優れた研究活動から得られた多くの知見がエッセンスとして極めて明快に纏められている。巻末にも初学者、中級者、上級者を問わず必読の文献リストが掲載されている。

2　社会的存在としてのステークホルダー：拡大化する利害関係の研究

（J.E.ポスト・A.T.ローレンス・J.ウェーバー著、松野弘・小阪隆秀・谷本寛治監訳『企業と社会　企業戦略・公共政策・倫理（上巻・下巻）』ミネルヴァ書房、2012年。）

　今日の社会では、様々な事象が複雑化し、企業とステークホルダー間の利害関係についても、変容・拡大化が日々急速に進行している。そのため、企業は変容・拡大するステークホルダーに対する情報ニーズだけでなく、様々な面で対応を迫られている。本書では、この視点から多くの示唆が得られる。

第2講
ビジネス活動の会計描写と財務諸表

第1節 本 講 の 焦 点

(a) 会計描写の重要性

　前講の学習において明らかになったように、企業のビジネス活動とその顛末を要約した会計情報は、少なくとも、①企業およびその経営者が、自己の行なった経営活動の成否に関する判断材料を得る目的や、②ステークホルダーに対して経済的意思決定に関わる判断材料を提供する目的で、企業によって作成され利用者に供されていた。

　作成された会計情報にビジネス活動の顛末が良好であることが示されている場合、企業および経営者は経営目標の維持や上方修正等を目指す機会を得ることが出来、ステークホルダーは現在の利害関係の継続や投資額の増額を行うことが可能となる。

　しかし、会計情報に、顛末が思わしくない様子が表されている場合、企業および経営者は経営目標の下方修正や経営戦略等の見直し等を行う必要に迫られ、ステークホルダーは現在の利害関係の解消や投資額の減額等の行動機会を持つことになる。

　このように、会計情報に要約されている表現内容は、経営者やステークホルダーといった情報利用者にとって、企業のビジネス活動に対する良否の判断指

標になり、更なる経済的意思決定行動をも左右することになる。こうした利用者の行動はマクロ経済の各種パラメータの動向に関わるから、会計情報に表現された内容は、結局、当該行動を通じてマクロ経済全体に影響を及ぼすことになる。

　ただ、この場合に注意しなければならないのは、この会計情報の内容が、本質的に、作成者側である企業あるいはその経営者の主張に基づいていることである。例えば、正しい情報であっても、企業自身にとって都合が悪いものであれば、企業が積極的にかかる情報を公表するインセンティブは極めて低いレベルに留まってしまうかもしれない。また、正しくない情報であっても、企業にとって有利な情報は、積極的に含められる可能性が高い。

　このような、会計情報のマクロ経済に対する影響性および本質に着目すれば、企業のビジネス活動を、どれだけの情報量で、また、如何なる質を持ち合わせた会計情報として描写するか、という問題は、マクロ経済の資源配分をはじめとする動向をも左右するほどの重要論点であることが理解されるだろう。

　そこで本講では、企業のビジネス活動の描写という側面に焦点を当てて、このなかでも、特に基礎に位置付けられる会計の技術構造を扱う。

（b）会計情報作成の３つのフェイズ

　会計情報は、複式簿記によって企業内に蓄積されたデータに基づいて、企業により作成される。作成には、少なくとも、①描写視点、②記録技術、③会計ルール、それぞれについて選択する３つのフェイズが関わっている。

【フェイズ１：描写視点の選択】

　一般に、ビジネス活動には様々な側面があり、どのようなアプローチ・視点でこれを捉えるのかによって、その描写される姿あるいは表現される特性は異なってくる。

　例えば、ビジネスの質的な側面に着目する場合、社会に対しどのような質を提供し質面での改善にどれだけ寄与したのか等が表現されることにな

る。また、ビジネスの量的な側面に着目する場合は、同様に量的な意味での社会のプレゼンス等を表現することにウエイトが置かれるであろう。

　会計では、この点、次の2つの特性を持っている。ひとつは、貨幣数値を用いて表現することである。すなわち、量的な側面を表現することに着目するのである。いまひとつは、企業自身がビジネス活動を表現することである。すなわち、自己が行なった事柄を自ら表現するのである。したがって、会計では、この2つの特性を合わせ、ビジネス活動を「資金循環プロセス」という視点から捉えて描写することになる。

図表2-1　企業のビジネス活動における資金循環プロセス

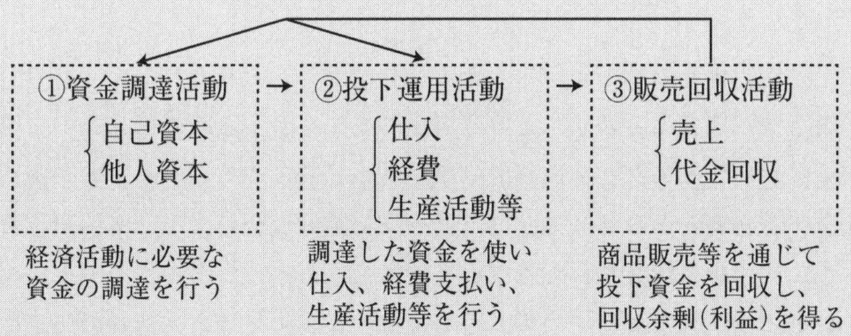

　資金循環プロセスは、ビジネス活動における資金の動きに焦点を当て、資金の流出入からビジネス活動を描写する視点である。これは、企業財務をコーポレート・ファイナンスの視点からとらえることにも繋がる。

　企業は、人為的に設立される経済主体であるため、何らかの行動をなさない限り、資金を手中にし、また保有もし得ない。企業がビジネス活動を行うには、資金が要される。したがって、資金循環プロセスの出発点は、まず、当該資金の調達を行う資金調達活動ということになる（図表2-1①）。

　資金調達の方法には、後述のように様々な方法があるが、いずれの方法を用いてもその後のビジネス活動を続けていくなかで、資金提供者に対し

リターンを提供する必要がある。そのため、企業側ではこれを資本コストとして捉えなければならない。

　具体的には、株式による調達の場合は配当を中心とする自己資本コストを、社債や借入れによる調達の場合には他人資本コストを、それぞれ認識することになる。自己資本と他人資本による資金調達の割合を資本構成というが、この資本構成によって、加重平均資本コスト（WACC）あるいは総資本コストは変わってくる。

　企業は、資金調達を通じて資金を保有する主体となり、この資金を使って仕入れ、経費支払い、生産活動等を行うことが可能となる。このような企業の営業努力にかかる支出活動を、資金の投下運用活動という（図表2－1②）。

　企業が、個々の投下運用にかかる活動に対し、それぞれ、いくらの資金を投下すべきであるのか、という資金の支出を考える際には、その投資運用活動が持つリスクと、最終的に事業利益に結びつくリターンとの両面に配慮する必要がある。リスクとリターンの選好度合いによって、資本コストを上回る事業収益を得られない可能性もあるからである。

　投下運用活動によって減少した資金は、企業のビジネス活動の成果にかかる販売回収活動により回収しなければならない（図表2－1③）。

　企業は、商品に値入れ（仕入れ価格に利益を付加する作業）を施した上で販売するため、投下運用活動によって取得した商品の販売活動を通じて投下資金を回収し、さらに回収余剰である営業収益を得ることになる。また、金融資産に資金を投下した場合には、当該資産からのリターンが投下資金を上回った場合に、回収余剰としての金融収益を得ることができる。

　一旦回収余剰としての利益が得られると、企業はこれに基づいて、経営資源の提供者であるステークホルダーの利害裁定を行う。この際、大きな存在となるのが、先に述べた資本コストである。企業は、この回収余剰たる利益から、まずは資金提供者に対して資本コストを支払わなければならないからである。

今日、企業の経営成果を評価する様々なモデルが、企業価値という視点から考案されている（詳しくは第 4 講で扱う）。企業は、ビジネス活動を通じて、加重資本コストを上回る資本利益率（投下資本に対する利益の割合）を確保するよう努め、その上で自らの企業価値を維持・向上するよう努めることになる。

【フェイズ 2：記録技術の選択】

ビジネス活動を捉える視点が決まると、次は、これをどのように記録するのかが問題となる。ひとくちにビジネス活動を貨幣数値で捉えるといっても、当該数値を使って、データを記録・集計・演算し、数値情報をアウトプットする方法・技法には、実に様々なものが存在する。

今日、企業会計においては、複式簿記という記帳技術が用いられ、ビジネス活動が企業の視点から体系的に記録され、データベースとして蓄積されている。後述するように、複式簿記は、経済事象を取引という概念で捉え、その取引で生じた貨幣数値の変動を、勘定という記録単位を用いて、借方・貸方の 2 面を使って複式記入し、日常において体系的な演算を行う技術である。したがって、今日の会計情報は、この複式簿記という記録体系の特性が色濃く反映された会計データに基づいて作成されていることになる。

【フェイズ 3：会計ルールの選択】

記録の技術が複式簿記であるということが決まっていても、実は、複式簿記の基礎たる 5 要素とそれを構成する勘定とを、どのようなルールのもとで記録すれば、会計情報に正しく描写した姿が表現できるのか、という問いに対する解は、必ずしも自明ではない。これは、記録という行為に本質的に備わる幾つかの特徴が関係している。

ひとつは、本来は連続して生じるビジネス活動や市場における価値形成を、一時点のデータとして記録することで、当該データには、その時点以

降の連続的な価値変化が反映されないことである。つまり、それ以降の任意の時点でデータに基づいて現状を把握する際、変化後の価値を必ずしも確認し得ないケースが生じてしまうのである。

　もうひとつは、記録されるデータが、記録者の判断という要素に大きく依存していることである。すなわち、ある者が記録すべきという意見であっても、記録を行う当事者が、それについて記録するべきではないという判断を下せば、記録されないことになる等の状況が発生してしまうことになる。

　そこで、実際には、複式簿記を通じて記録すべき事項や内容・記録方法、あるいは記録されたデータに基づいてどのような情報を作成し報告を行うか等について、様々なルールによって定められる必要が存在する。このルールを、特に会計ルールと呼ぶ。

　今日、会計ルールは、会計基準あるいは会計法規という形に具体化され規制されており、企業はこの規制に従って、会計情報を財務諸表として作成している。こうした会計領域を、ひとまとめにして企業会計制度という。

　本講では、以上のうち、企業会計の技術構造の基盤を担うフェイズ１（描写視点の選択）とフェイズ２（記録技術の選択）に焦点を当てる。フェイズ３（会計ルールの選択）は、企業会計の理論的構造を扱う第３講および第４講で学習する。

第2節　勘定：複式簿記の計算体系の要

（a）簿記一巡のプロセス

　企業は、財産管理と損益計算を行うため複式簿記という記録計算体系を利用する。古の商人が用いた記帳方法を基礎とする複式簿記では、取引を複式に捉え、それを借方および貸方の２面を使い分けながら計算単位である勘定へと記入する、という独特のルールによって行われ、データが帳簿に記録され蓄積す

る。そのため、複式簿記を利用した会計情報に関しては、作成者もその利用者も、共に、その仕組みの理解等に一定の習熟が要される。

図表2－2　簿記一巡のプロセス

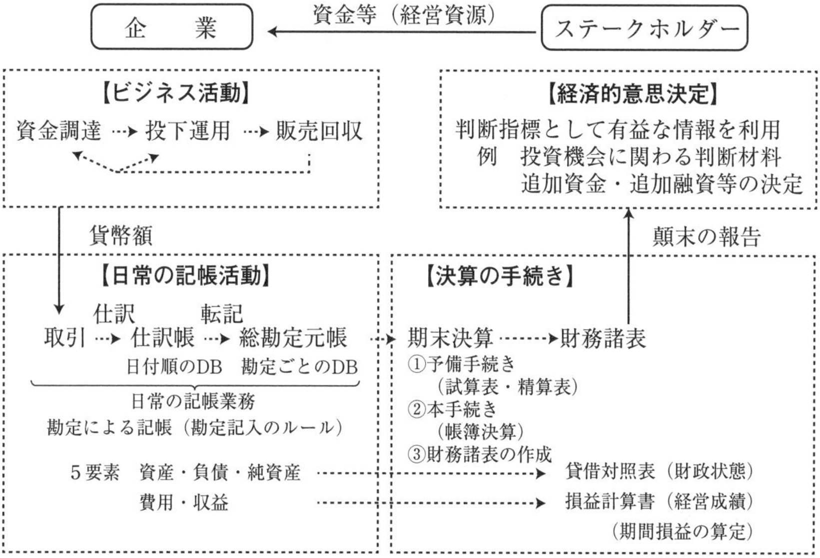

(DB：データベース)

とはいえ、一定の体系に基づいて計算をシステマティックに行うことが出来、取引による変動も豊かにかつエレガントに表現し得る、という優れた特徴があるため、今日でもこの記録体系が利用されて続けているのである。

　具体的には、簿記一巡のプロセスを通じて、一連の記録計算活動を行う。

　図表2-2に示されるように、簿記一巡のプロセスは、日常の記帳業務（あるいは期中の記帳活動）と、決算の手続き（あるいは期末の記帳活動）の2つに大別される。このうち、日常の記帳業務は、概ね次の手順で行われる。

【日常の記帳業務】

① ビジネス活動を取引概念で捉える

日々行われるビジネス活動は、資産、負債、純資産、費用、収益という簿記の5要素のいずれかに変動をもたらす取引として、貨幣数値によって捉えられる。簿記上の取引概念に合致しないもの、および、貨幣数値で表せないものは、この段階において帳簿記録の対象から外れることになる。

② 日付順のデータベースの構築

次に、貨幣数値によって捉えた取引を、複式で捉えて仕訳を行い、当該データを仕訳帳に記帳する。かかる作業を通じて、発生した日付順に取引の仕訳データが主要簿のひとつである仕訳帳に記録され累積する。その結果、仕訳帳には日付順のデータベースが構築されることになる。

ところで、先述したように、計算体系の中心は勘定である。そうであれば、本来は、仕訳のような作業をせず、取引を計算単位たる勘定へと直接記入すれば良いはずである。では、何故、わざわざ仕訳という手順によってデータを一旦すべて記載しながら、それを転記という作業によって再び組み替える作業を記帳上行うのであろうか。

この疑問に解を与えるには、少なくとも、次の2つの事実に着目する必要があるだろう。第一に、転記の前に、一旦、仕訳を行うことで、取引の勘定分解がなされ、借方および貸方の変動データが整理された形で仕訳帳に、日付順に記録される。第二に、仕訳データの借方および貸方には、勘定科目名と変動金額が記載されているので、これを転記によって、それぞれの勘定の借方および貸方に手順に従って移記すれば、正確な転記を行うことができる。

この2つを勘案すれば、仕訳という手順は、転記作業を正確に行うための準備作業としての意義を持っていると考えることができるだろう。また、データが取引の単位で日付順に記録されていることから、後に、取引自体の確認・検証が必要な場合にも、検証の可能性を高めることが出来る。

③ 勘定ごとのデータベースの構築

　仕訳によって一旦整理されたデータを、5要素をさらに細分化した勘定という計算単位へと移記する作業が転記である。具体的には、総勘定元帳のそれぞれの勘定口座に、各仕訳において変動が記録された勘定データを、借方・貸方それぞれ移記する。この作業を通じて、仕訳帳に一旦記録された取引データが、総勘定元帳に勘定ごとに再分類された上で記録され、勘定ごとのデータベースが構築される。

　日常の記帳業務では、以上の手続きが期中に繰り返し行われることで、日々のビジネス活動におけるストックとフローに関わる個々の変動が、仕訳帳における日付順のデータ・ベースと、これを、総勘定元帳の各種勘定の増減記録に組み替えた勘定ごとのデータ・ベースに、体系的に記録される。

（b）勘定という計算単位

　簿記一巡のプロセスを通じて、計算の要となっているのは「勘定」という単位である。単位といっても、測量的な意味での単位ではなく、計算するときの「ひとまとまり」という意味である。

　勘定は、貸借対照表および損益計算書という2つの基本財務諸表を構成する5つの要素、すなわち、資産、負債、純資産、費用、収益をさらに細分化したものである。したがって、ある勘定の変動を記録することによって、上記5要素のいずれかの数値が変動することになる。

　ビジネス活動では、様々な状況において5要素の増減が生じる。ここで、資金循環プロセスに沿って生じるごく基本的な部分のみを示すと、次のようになるだろう。

　資金調達活動を通じて元手として集めた資金は、基本的に、企業の資産を増加させる。出資による調達の場合、この資産の増加と同時に、出資者に対する責務を資本として捉え、これを純資産の増加で表さなければならない。融資による調達の場合、同様に融資者に対する責務を負債の増加で表す必要がある。

　企業は、調達した資産を用いて仕入や各種支払い等の投下運用活動を行う。

資金の支出・支払いには、基本的に、資産の減少が伴うため、資産と負債の差額概念である純資産額が減少することになるが、同時に、この純資産の減少を生じさせる原因についても記録する必要がある。その支出・支払いの対象が経費や仕入れであれば、基本的には費用の発生として記録され、損益取引となる。しかし、資産の購入であれば、支出による資産の減少と購入による資産の増加が同時に記録され、交換取引となる。

企業は、目減りした純資産額を増やすために、販売活動を行なって収益を獲得しなければならない。収益に伴って対価としての資産が流入し増加すれば、それだけ純資産額も増加することになる。この収益の発生についても損益取引ということになる。

このように、企業は、投下運用活動において費用を支払う際に減少した純資産を上回るだけの収益をあげて純資産を得れば、元の状態よりも回収余剰分だけ多くの純資産を利益として得ることができる。

さて、この5つの要素は、基本的に、ストックに属する要素（資産、負債、純資産）と、フローに属する要素（費用・収益）とに分けられる。そのため、取引で生じた勘定の変動を、日々記録し演算を行うことによって、ストック面とフロー面に関わる変動が、日常的に、自動的に計算される仕組みとなっている。

図表2－3 勘定の変動と5要素、財務諸表、損益計算の関係

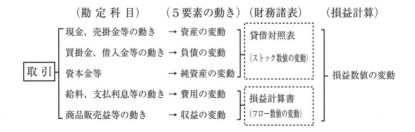

　財務諸表は、任意の時点において、それまでの顛末を一覧表として示したものであり、両領域の計算がその時点でどのような状況であるかが表現される。そのため、期末のステークホルダーに対する顛末報告には、一会計期間の顛末と両領域の計算を表す期末財務諸表が用いられる。

　以上の説明を図に示したのが図表2−3である。要するに、図表2−3にあるように、取引の変動は、複式記入を通じて何らかの勘定の変動として記入され、それが当該勘定の属する要素の数値を全体として変動させ、さらに財務諸表上の数値にまで影響を及ぼし、最終的には期間損益を変動させることになるのである。

第3節　資金循環プロセスの複式簿記処理と財務諸表の関係

（a）焦　　点

　ここでは、設例を用いて、第1節で示したフェイズ1とフェイズ2の描写の関係を確認する。

　具体的には、ビジネス活動における資金循環プロセス、すなわち、資金調達活動、投下運用活動、販売回収活動に沿って、複式簿記による会計処理が具体的にどのように行われるのかを概観しながら、それが財務諸表にどのように表現されるのかを確認する。その際、取引後についての財務諸表の表現だけではなく、資金循環プロセスの間にその表現内容がどのように変化していくのかという点にも着眼する。

　ここで用いる設例は、次の通りである。なお、本質的な部分を示すため、ごくシンプルな設定とし、設立手続き、減価償却等は略している。

【設　例】

　株式会社A社は、×1年4月1日から×2年3月31日までの会計期間において①から③の取引を行なった。

① A社の資金調達活動

（a）×1年4月1日、株主から現金1,000の出資を受けてA社を設立した。

（b）また、設立時に銀行より現金500を借入れた。

② A社の投下運用活動

調達した資金の使途は次のとおりである。

（a）×1年4月10日、商品300を現金で仕入れた（三分法）。

（b）また、4月12日に車両500を現金で購入し、燃料費を200支払った。

③ A社の販売回収活動

×1年4月20日、A社は商品を600売上げた。

その際、代金のうち300は現金で受け取り、残りは掛とした。

（b）資金調達活動の複式簿記処理と財務諸表

資金循環プロセスの第一段階は、資金調達活動である（図表2－1①）。ここでは、企業がビジネス活動を行う上で必要になる資金が調達される。この調達方法には、大別して自己資本による資金調達（自己資本調達）と、他人資本による資金調達（他人資本調達）の2つがある。

【自己資本調達の複式簿記処理】

企業は、基本的に、出資者から出資が行われることによって成立する。企業活動の元手として出資者から拠出された金額は、企業の財政的基礎となり、企業のビジネス活動に用いられる。その場合における出資額のことを、資本または自己資本という。

設例の①（a）は、A社の自己資本による資金調達活動を表している。すなわち、×1年4月1日の設立に際して、自己資本調達が行われることによって、株主から現金1,000の出資金を受け取り（資金の流入）、その分出資者に対する責務が発生したのである。

複式簿記では、この取引を次のように捉え処理する。

（借）	現　　金	1,000	（貸）	資　本　金	1,000
	（資産の増加）			（純資産の増加）	

　つまり、出資金である現金が企業内に流入することで資産が増加し、その分出資者に対する責務が増加したことを純資産である資本金の増加として記録するのである。

　ここで大切なのは、現金勘定という資産と、資本金勘定という純資産を別々の視点で捉え、それぞれの動きをセパレートに把握することである。すなわち、資本金勘定は出資金に対する責務金額としての意味を表示することに意味を持ち、他方で、出資金自体は資産として記録されその後の使途運用の制限を何ら受けない仕組みとなっているのである。

【他人資本調達の複式簿記処理】

　出資された元手だけで不足する場合、金融機関からの融資や、社債発行を通じて市場からの資金を調達することがある。その場合の借入れ等は負債または他人資本という。

　設例①（b）は、A社の他人資本による資本調達活動を表している。上記の自己資本調達と同様に、×1年4月1日他人資本調達活動を行い、銀行より現金500を借り入れ（資金の流入）、その分融資者である銀行に対する責務が発生している。

　この取引については、複式簿記では次のように捉える。

（借）	現　　金	500	（貸）	借　入　金	500
	（資産の増加）			（負債の増加）	

　出資の場合と同様に、借入れた現金が企業内に流入することで資産が増加するが、その分増加する責務は融資者である銀行に対して生じる。そのため、ここでは、負債である借入金の増加を記録する。

34

【資金調達直後の財務諸表】

　では、自己資本調達と他人資本調達の2つの資金調達は、財務諸表にはどのように描写されるのであろうか。

　各資金調達取引の仕訳データは、日付ごとに仕訳帳に記帳された後、それぞれの勘定に転記される。これまで繰返し述べているように、複式簿記は勘定という単位によって計算を行う体系である。そのため、仕訳された取引データは転記されて、はじめて勘定ベースの計算体系に組み込まれることになる。

　設例の場合、①（a）の仕訳データのうち、借方に記録されている現金1,000というデータを現金勘定の借方に日付・相手勘定とともに移記し、貸方に記録されている資本金1,000というデータを同様に資本金勘定の貸方に移記する。

　また、①（b）の仕訳データのうち、借方に記録されている現金500というデータを現金勘定の借方に移記し、貸方に記録されている借入金500というデータを同様に借入金勘定の貸方に移記する。つまり、これらの仕訳データが移記されることで、はじめて勘定による計算体系に貸借それぞれのデータが組み込まれるのである。

　こうして、各勘定に記録された各データは勘定の残高計算に組みこまれるため、最終的には、残高データを集計した残高試算表や精算表等の一覧表にも反映されることになる。ここでは、ごくシンプルな設例を設定しているため勘定の変化は、現金の増加、資本金の増加、借入金の増加のみということになり、財務諸表にもこの3つの勘定の変化のみが関わることになる。

　現金は、資産、資本金は純資産、そして借入金は負債であるから、結局、設例の資金調達活動によって生じた変化は、この3つの要素が関わる貸借対照表にだけ表現されることになる。これを示したのが、図表2－4である。

　図表2－4の貸方には、①の（a）の自己資本調達によって生じた出資者への責務額1,000と、（b）の他人資本調達によって生じた融資者である銀行への責務額500が表されている。このように、貸借対照表の貸方は、調達資金の提供者に対する責務を金額によって表示するため、資金調達の源泉を表すとも説明される。

図表2－4　資金調達直後の貸借対照表

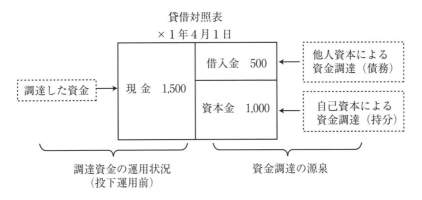

これに対して、図表2－4の借方には、①の（a）と（b）という、2つの方法によって調達した現金の合計額1,500が資産として表示されている。貸借対照表の借方は、調達した資金をどのように運用しているか、すなわち運用状況が示されるが、この時点では、調達後の現金が、使途が定められない状態のまま計上されている。

（c）投下運用活動の複式簿記処理と財務諸表

　資金循環プロセスの第二段階は、資金の投下運用活動である（図表2－1②）。この段階で企業は、調達した資金を用いて、様々な支出に関わる活動等を行う。

　企業による投下運用は、基本的に支出をベースとした活動である。ただし、それは、最終的に売上等によって資金を回収することが念頭にあることを忘れてはならない。

【商品や原材料の仕入活動】

　商品売買を営む企業の場合、商品の販売に先立って商品自体を仕入れなければならない。同様に、製造業を営む企業も、製品の製造（生産活動）に先立っ

て原材料等を仕入れる必要があるだろう。このように、多くの企業が商品や原材料等の仕入活動を行う。

設例の②（a）は、A社の投下運用活動を表している。すなわち、×1年4月10日において、商品300を仕入れ、その対価の支払いを手許の現金を用いて行なった（現金の流出）のである。

この取引を、複式簿記（三分法）では、次のように捉えて処理する。

（借）	仕　　入	300	（貸）	現　　金	300
	（費用の発生）			（資産の減少）	

三分法は、商品仕入時に仕入勘定（費用）を用い、販売時に売上勘定（収益）を用いて処理し、売れ残りを繰越商品勘定（資産）で処理するという記帳方法である。企業には商品という資産が流入するとみることが本来であるが、基本的に短期のうちに販売されることを予定する（実際には売れずに在庫化することも多い）ため、これを最初から費用勘定で処理し、売れ残り分だけ在庫の資産として繰越商品勘定で翌期以降に繰り越すのである。

したがって、この方法で設例の②（a）を捉えた上記仕訳では、仕入時に300の費用が発生し、その対価が現金で支払われたことに伴い、現金という資産が減少している。このように費用が発生し、その分の資産減少が生じる取引を、損益活動に関わる取引という意味で「損益取引」と呼ぶ。

【資産の購入や取得活動】

企業は、ビジネス活動において様々な目的で資産の購入や取得を行う。企業の営業活動や製造活動には設備、備品、車両運搬具等が必要になるため、こうした設備や備品に対し、一定の支出を行うことになる。

これに対して、企業に営業活動に用いない余剰資金がある等の場合、財務戦略の一環として金融商品に対する投資を行うこともある。

設例②（b）では、×1年4月12日にA社が車両500を購入し（資産の増加）、

その対価として手持ちの現金を支払ったこと（現金の流出）が示されている。このA社の投下運用活動について、複式簿記では次のように捉えて処理する。

（借）	車両運搬具	500	（貸）	現　　金	500
	（資産の増加）			（資産の減少）	

　ここでは、車両運搬具という資産を取得（資産の増加）し、その代わりに現金という資産が支払われている（資産の減少）。そのため、この取引は資産と資産が等価交換されているという意味で「交換取引」と説明される。

　「損益取引」とは違い、「交換取引」の場合には、資産が流出することはない。そのため、「交換取引」が生じてもその前後で資産総額は変動しない。

【経費の支払い等】

　上記の事項以外にも、企業は様々な経費の支払いを必要に応じて行わなければならない。例えば、企業の商品や製品・サービス等に関する広告宣伝を行う場合には、広告代理店に対して広告宣伝に関連する費用を支払うことになる。営業用の店舗や工場用の用地等の不動産を借受けた場合には、地代や家賃等を支払う必要がある。

　設例の②（b）では×1年4月12日にA社が車両に給油したため燃料費が発生し、その対価として現金が200支払われたことが示されている。

　これを簿記処理で示すと次のようになる。

（借）	燃　料　費	200	（貸）	現　　金	200
	（費用の発生）			（資産の減少）	

　ここでも、各種経費が企業の費用として発生し、その対価として現金という資産の減少が生じている。したがって、このような取引も、資産の減少を伴う「損益取引」ということになる。

【投下運用活動直後の財務諸表】

　さて、以上見てきた投下運用活動は、財務諸表にどのように描写されるであろうか。これを示したのが図表2－5である。

　先ほど説明したように、複式簿記の計算メカニズムでは、取引データが、転記を通じて勘定へと記録されることで、はじめて財務諸表に反映される仕組みとなっている。それゆえ、設例の投下運用活動の取引データも、財務諸表に反映させるには、仕訳のみならず、総勘定元帳への転記が必要である。

　設例②の場合、現金勘定は、当初の調達額1,500より支出分（仕入300、車両運搬具500、燃料費200）だけ少ない残高500が貸借対照表の借方に表示されることになる（図表2－5）。しかし、現金支出のすべてが費用というわけではない。費用である仕入勘定と燃料費勘定は「損益取引」で生じているのに対し、車両運搬具の購入取引は、減少した現金と等しい価値を持つ車両運搬具が増加する「交換取引」である。つまり、図表2－5の貸借対照表の借方に示されるように、この金額については、資産総額でみれば減少していないのである。

　ここで、図表2－5の貸借対照表の貸方側に着目すると、設例では資本取引や借入金の返済が設定されていないため、①の資金調達の時点で記録された資金提供者に対する責務の額が、純資産と負債に、投下運用活動とは無関係に、それぞれそのまま表示され続けていることがわかる。

　財務諸表の表示という視点から、上記のような借方および貸方の数値特性を考え合わせると、図表2－5の借方には②の投下運用活動後の状態が、貸方には①の資金調達直後の状態が、それぞれ示されることになり、両者を比べることで、差異が存在することを確認できる。かかる差異が生じた要因は、「損益取引」にある。すなわち、「損益取引」によって減少した資産分の金額は貸借対照表から離れて、費用額（仕入300、燃料費200）として損益計算書に表示されているのである（図表2－5の損益計算書、借方）。こうして投下運用活動は、「交換取引」を通じて資産構成の変化をもたらし、「損益取引」を通じて資産の減少を伴いながら費用勘定を発生させるのである。

図表2−5　投下運用活動直後の財務諸表

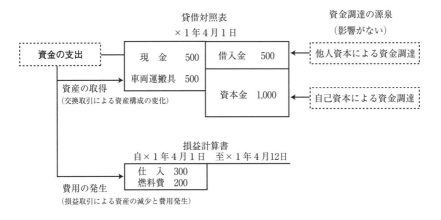

（d）販売回収活動の複式簿記処理と財務諸表

　資金循環プロセスの第三段階は、販売回収活動である（図表2−1③）。ここでは、基本的に、商品・製品等の販売活動を通じて、投下過程に付された資金を回収し、さらに回収余剰としての利益を獲得する活動が行われる。

【販売活動】

　企業は、営業活動を行うなかで商品や製品、サービスを販売する。商品販売で回収余剰としての利益が生じるのは、企業が値入れを行った上で、商品や製品等を販売するからである。

　回収された資金を用いると、企業は、融資額の返済や利息の支払い（利払い）、出資者への配当、投資等の活動を、さらに行うことが出来るようになる。

　設例の③では、A社の行なった販売回収活動が示されている。すなわち、×1年4月20日に商品を600で売上げ、その代金のうち300を現金で受け取り（現金の流入）、残りは掛（売上債権の発生）としたのである。これを簿記処理で示すと次のようになる。

（借）	現　　　金	300	（貸）	売　　　上	600
	売　掛　金	300			
	（資産の増加）			（収益の発生）	

　売上債権は、売上に伴い生じる債権であり、資産である。これは、現代のビジネス活動に見られる「与信」のひとつであり、信用に基づいて支払いを一定期間、猶予することで生じるものである。この場合、猶予を認めてもらう側、すなわち購入者側には買入債務が生じ、反対に、猶予を認める側、すなわち販売者側には売上債権である売掛金が発生する。

　特に、販売者側の視点に立つと、この売上債権が期日までに回収されれば問題はないが、回収されずに貸し倒れる場合も少なくない。したがって、与信を与える側は、一定の貸倒れリスクを負担していることになる。この売上債権は、現金等の回収が無事にされた時点で消滅する。

【販売回収活動直後の財務諸表】

　ここでは、販売回収活動を行なった直後の財務諸表が、どのような表示上の特徴を有しているかを確認する。

　設例において、③の販売活動を行なった直後の財務諸表は、図表2－6のように示される。この図表には、販売によって生じた収益600が売上勘定で示されている。その対価のうち、半分の300は現金で顧客から受け取っているため、現金勘定は、投下運用活動直後の②の段階よりも300増加している。しかし、残る300は掛取引としているため、売上債権が貸借対照表の借方に資産として計上されてはいるものの、その売上債権の貸倒れリスクも同時に負う状態になっている。

　損益という視点から見ると、図表2－6に示されている損益計算書上には、収益600に対して費用500が計上されており、100の利益が生じていることが示されている。すなわち、販売活動直後であり売上債権の回収を完了していない段階の財務諸表には、こうした売上債権の貸倒れリスクが考慮されない状態

図表 2 - 6　販売活動直後（代金一部回収の場合）の財務諸表

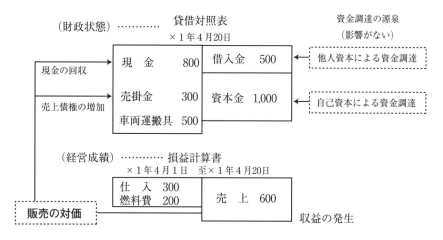

における利益が示されるのである。

　今日では、こうした貸倒れリスクを事前に見積もり、貸倒引当金を計上する
等の処理が施されるが、これは会計ルールの設定に関わる会計思考に由来する
ものである。これについては後ほど扱う。

　なお、売上債権が現金等によって無事回収される場合には、この貸倒れリス
クから解放されることになる。

第 4 節　複式簿記における期間損益計算

　期末になると、日常の記帳業務を一旦終了し、決算の手続きを行う。決算の
手続きは、「決算予備手続き」、「決算本手続き」、「財務諸表の作成」、という 3
つの手順により行われる（図表 2 - 2）。

　「決算予備手続き」は、まず、日常の記帳活動を一旦区切るところからはじ
められる。これは、それまでに記録された勘定記録データに基づいて試算表を
作成するためである。

　試算表とは、総勘定元帳に記録されたデータの残高（借方合計と貸方合計の差額）や合計を集約し、一覧表化したものである。試算表は、主に、記録されたデータの正確性を確かめ、期首から期末までのビジネス活動を概観する目的で作成される。

　試算表は記録されたデータの集約である。したがって、試算表が作成されると、実際に存在する資産および負債等を調査（これを実地棚卸という）して記帳が実際の状態と相違していないかを確認する必要が生じる。このために作成されるのが棚卸表である。棚卸表と実際の状態を比べてみて、記録されたデータに追加・修正が必要と判断される場合には、決算整理を行うことになる。

　帳簿記入から一旦離れて行う決算予備手続きでは、精算表を用いて、主に2つのことが行われる。

　ひとつは、残高試算表から得た各勘定の残高データを出発点とし、それに決算整理記入を加えることで、修正や追加を行った後の各勘定の残高データを一覧によって確認することである。

　いまひとつは、修正後残高試算表データに集約された各勘定の残高データを、それぞれ貸借対照表欄と損益計算書欄とに移記することを通じて、ストック・ベースの勘定残高データとフロー・ベースの勘定残高データに分割し、それぞれの系統における期間損益計算のあらましを確認することである。これを表したものが、図表2-7である。

　日常の記帳活動において、損益取引は、費用勘定あるいは収益勘定の発生という純資産の増減要因（フロー）と、それに伴う資産・負債の増減（ストック）の結びつきとして、複式記入により表裏一体の形で記録される。

　これが、精算表による残高データの分割作業を通じて、図表2-7のように別々に表現されることで、各々の期間損益が計算され、示されるわけである。

　「決算本手続き」は、決算予備手続きにおいて確認されたあらましに基づいて、決算修正仕訳・転記と決算振替仕訳・転記を行った後の帳簿を、実際に締め切る作業を次のように行う。

　まず、収益および費用の各勘定を、集合勘定である損益勘定へと振替処理を

図表2－7　残高試算表等式の分割と利益計算

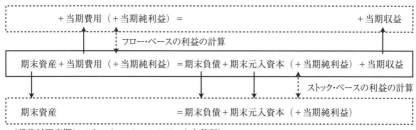

（損益計算書欄にフロー・ベースのデータを移記）

通じて集約する。これは、当期のすべての収益および費用を集約し、損益勘定においてフロー・ベースの期間損益を求めるためである。

　次に、求めた期間損益を、純資産の勘定に振替える手続きを行う。これは、「損益取引」によって直接変動しない純資産勘定の残高合計を、期末の数値に修正する処理である。ただし、ここで振替処理を通じて加算される期間損益は、フローで算定された数値であるため、後に、これがストックの利益と一致することを確認しなければならない。

　「損益取引」によって生じるストック・ベースの変動数値は、資産と負債の各勘定に記録されそれぞれの期末残高に反映される。しかし、上記の振替前の純資産勘定の残高合計には反映されないため、期末に両者の間に差異が生じる。これをまず確認できるのが、「決算予備手続き」における精算表の作成である。

　すなわち、残高試算表に集約された残高データのうちストックの各勘定の残高データを貸借対照表に移記すると、記録されている両者の間に差異があることが確認され、それをストック・ベースの期間損益ととらえるのである。

　また、上記の振替仕訳を通じて純資産に加えたフロー・ベースの期間損益が、帳簿上ストックの期間損益と一致することは、期末資産、期末負債、そしてフローの期間損益の振替後の期末純資産というストック勘定が、全て締め切

られバランスすることで確認し得る。

　以上の作業が終わると、再び主要簿を締め切り、損益勘定のデータ等に基づいて貸借対照表および損益計算書を作成して、ストックとフローの2面からの期間損益計算を示す（「財務諸表の作成」）。

研 究 問 題

問題1　複式簿記の記帳体系において勘定が担う役割について説明しなさい。

問題2　複式簿記では、フローとストックの期間損益が一致する理由について、複式記入の仕組みの点から簡潔に説明しなさい。

文 献 研 究

1 簿記とは何か？

（中村　忠『簿記の考え方・学び方（五訂版）』税務経理協会、2006年。）

　51本のエッセイでは簿記の学習要点を、13本の小論稿では簿記の考え方を、それぞれ論じる本書は、記帳の体系性という視点からは見落としがちな簿記の様々な論点を、テキストとも研究書とも異なるユニークな角度で、鮮やかに描き、紐解いている。その意味で、唯一無二の簿記書である。

第3講
会計ルールの期間損益計算の仕組み

第1節　会計ルールの必要性

　社会では、数値が様々な形で利用される。例えば、スポーツ競技では、競技者の序列を決める基準として数値が用いられ、より良い数値を獲得したものがその競技の勝者となる。また、自然科学では、様々な現象を理解するため、それをデータという形で数値により測定し、分析が行われている。

　こうした背景から、我々は、会計数値についても、同様の「硬さ」のある数値として、捉えがちである。しかし、本当にそれで良いのであろうか。

　既に説明したように、財務会計では、企業とステークホルダーの基本関係が、図表3－1のように捉えられる。

　これは、①ステークホルダーが企業に対して経営資源を提供し、②企業がこれを受けてビジネス活動を行い、③企業がビジネス活動の顛末について会計情報を作成し、それをステークホルダーに報告し、④顛末報告を受けたステークホルダーが、会計情報をさらなる経済的意思決定を行う際の判断材料として利用する、というものである。

　この基本関係に基づくと、会計情報を作成し報告するのは企業であり、ステークホルダーは、当該報告を受けて、作成された内容をそのまま経済的意思決定の判断材料として利用しなければならない立場ということになる。

図表3－1　会計情報の非称性の問題

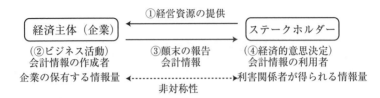

しかし、この関係には、会計数値の「硬さ」に関わる、次のような根本的な問題が内包されている。

　第一の問題は、会計数値の作成過程に、ヒューマン・エラーが関与する可能性が存在することである。

　前講で学習したように、複式簿記は、勘定を単位とした優れた計算体系であり、そのメカニズムを通じてアウトプットされた会計数値と会計情報は、ビジネス活動のストック・ベースの変動とフロー・ベースの変動とを、貸借対照表および損益計算書という2つの財務諸表に、エレガントにかつ豊かに要約する機能を果たしている。

　ただし、このようなメリットは、データのインプットに関わる企業の記帳行為が「正しく適切な手順で行われる」という前提が満たされてはじめて享受できるものである。複式簿記は、企業側の記帳行為がデータ処理の基礎となっている。そのため、その記録・計算等のプロセスを通じて人為的なミスが生じる場合、そこからアウトプットされた会計数値も、上述のような優れた特徴を必ずしも発揮し得ない。

　もちろん、人類の叡智のひとつである複式簿記は、貸借平均の原理に基づいて、常に、「照合」や「確認」を行うことで、一定のエラーを防ぐ仕組みを自身に組込むことで、時代を超えて社会におけるプレゼンスを高め続けてきた。とはいえ、想定を超えて発生する課題を防ぐには、何らかの方策が追加的に講じられる必要があるだろう。

　第二の問題は、会計情報を作成し公表するのが企業自身であるため、企業が自己の都合に合わせ、情報量を任意に調整する可能がある、ということであ

る。

　図表３−１に示されるように、ビジネス活動に関する情報量は、それを行なった当事者たる企業と、情報の利用者たるステークホルダーとでは、必ずしも同じではない。こうした状態を一般に「情報の非対称性」と呼ぶ。

　この場合、問題となるのが、自己の利得を増大させる本源的動機を保有する企業や経営者が、会計情報による顛末報告において、モラルハザードを生起させる可能性である。

　こうした前提のもとでは、企業および経営者は、ステークホルダーの経済的意思決定に必要な情報であっても、自己の利害に抵触するような情報は公表せず、逆に、ステークホルダーの経済的意思決定には特に不要な情報であっても、自己の利害を増大させる情報は積極的に開示する、という機会主義的行動をとる可能性が高いのである。

　会計情報作成のなかでも、こうしたモラルハザードの問題が実際に生じやすいのが期間損益計算の領域である。期間損益は、企業のビジネス活動の良否について、ステークホルダーが客観的に評価するのに大変役立つ指標である。そのため、期間損益数値の操作という機会主義的行動が企業や経営者により採用され易いのである。

　今日、期間損益操作には、損益圧縮行動および損益捻出行動の２つのパターンが存在する。期間損益圧縮行動は、節税等の目的等の要因に基づいて期間損益を実際より過少に見せる、といった行動であり、期間損益捻出行動は、資金調達や経営者報酬等のために期間損益を実際より過大に見せる、といった行動である。

　実際に、こうした機会主義的行動が社会問題レベルにおいて顕在化したものが、粉飾決算と呼ばれる不適切会計である。会計数値を、あたかも粉で飾るように、良く見せるために操作する、あるいは、会計数値が悪くなるのを隠すために、その会計数値に関わる実態自体を操作する等、会計数値を意図的に操作したり付け替えたりして、成果を過大・過小に見せる企業の問題行動である。

　不適切会計には、先ほど指摘した粉飾決算以外にも、何らかの誤りがあるも

の、着服横領が行われたもの等も含まれるが、実は、このような不適切な顛末の報告は、現代社会において思いの外多く存在している。

ルールがない世界であれば、様々な機会主義的行動が企業や経営者によって採られる可能性があっても、必ずしもルール違反とはならない。けれども、会計情報に要約された内容に関して、「作り手」と「利用者」の間に、何らかのギャップが生じるのであれば、情報の需給を巡って社会的な損失が生じる可能性を高めることとなり、好ましい状態とはいえないだろう。

会計情報による顛末報告は、適切に行われさえすれば、企業・ステークホルダーの双方にとって非常に有効性が高い情報源となる。そのため、社会においては、これまで、会計という行為の本質に照らして、上述のような問題を可能な限り排除し、会計数値の「硬さ」を高める試みが数多く行われてきた。

そのなかでも最も重要なものは、ビジネス活動を適切に描写させるための「会計ルール」を設定することである。すなわち、企業とステークホルダーの間で、予め一定目的を持った会計ルールを定めておき、これに基づいて企業に会計情報を作成させることで、会計情報に対する需要（利用）と供給（作成）とを、効率よく合理的に調整するのである。

今日、この会計ルールには、少なくとも2つの種類が存在している。ひとつは、実務慣習として広く一般に認められた（経済主体間で合意された）会計規範としての会計基準である。もうひとつは、法制度の目的に適うように整備され、強制的な適用が行われる法規範としての制度会計である。

会計ルールは、一定の会計思考に基づいて、企業が実際に行った多様なビジネス活動を要約情報として会計数値に描写させる目的で、会計ルールの設定主体（第4講で詳述する）によって設定される。そのため、内容はそれぞれの目的に照らして詳細に定められる必要がある。会計規範と法規範、いずれに関しても、歴史的な経験において設定・施行・修正（改訂）等の努力が繰り返し行われるなかで、期間損益の適正な計算に向けた様々な基本原則が定められ、それをバックボーンとして会計ルールの仕組みが整備・構築されている。

期間損益計算は、複式簿記の利用を基本的に前提としており、第2講で学習

したように、財務諸表の5つの基本要素を用いて、ストック・ベースおよびフロー・ベースの勘定データの変動として描写される。したがって、この仕組みを前提として、この2つの系統の会計処理と期間損益計算の描写に軸を置き、それぞれ基本視点と会計思考がどのように規定されているのかを理解すれば、会計ルールの全体像を把握することが比較的容易になる。

　このような趣旨から、以下では、①フロー・ベースの期間損益計算（費用・収益に関わる会計処理）と、②ストック・ベースの期間損益計算（資産・負債・純資産に関わる会計処理）に、それぞれ会計ルールを設定する際の基本視点および会計思考に焦点を当てて、それらについて学ぶ。

第2節　会計ルールの基本行為

　企業会計とは、企業のビジネス活動を会計描写する行為である。その場合、ビジネス活動は描写の対象としての事象、すなわち実像であり、これを描写した姿は写像としての会計情報あるいは会計数値に表される。

　実像を写像へと変換する会計描写は、「認識」、「測定」、「評価」、「配分」、「記録・計算」、「報告」といった基本行為（会計行為ともいう）から成る「会計描写プロセス」を通じて行われる。具体的には、会計描写の対象たる実像としてのビジネス活動は、その事象が生起する都度、会計描写のプロセスのいずれか適切なものを利用した「会計処理」を通じて、写像としての会計情報に変換されることになる。

　この会計描写は、実際には、会計情報の作成のために選択された複式簿記という記録技術の手順に従って行われる。したがって、それぞれの基本行為は、複式簿記の5つの要素とそれを細分化した勘定という単位によって構成される計算体系に、個々に生起した事象としての取引データをインプットする際に、「会計処理」を通じて関わることになる。

　例えば、「×1年〇月×日にある商品を現金5,000で仕入れる」という事象の会計描写を、複式簿記を利用して現在の会計ルールに即して行う場合を示す

と、次のようになる。

　入帳時には、その事象を、①取引とみるか否かを含めいつ行われたかを「認識」し（×1年○月×日に、商品の仕入れと現金による支払いが行われた）、②いくらで取引が行われた商品を仕入れたかを測定し（仕入れ5,000、現金の支出5,000）、③これを仕訳と転記を通じて主要簿に記帳し、勘定計算の体系に算入させることで「記録・計算」がなされる（費用である仕入勘定の借方5,000の増加、資産勘定である現金勘定の貸方5,000の減少が記録され、計算体系に算入）。

　これが「報告」される時点は、その報告の対象に応じてそれぞれ異なってくる。企業の内部で情報を利用する場合、記帳された情報を必要に応じて確認することになるため、仕訳帳や総勘定元帳、その他帳簿・帳票を利用（何らかの資料を作成して利用する場合も含む）した時点である。また、ステークホルダーに報告する場合、計算体系に記録された勘定データが決算を通じて整理され、アウトプットとしての財務諸表が作成される時点である（売上原価の残高データ、現金の残高データ）。

【 認　識 】

　会計ルールにおいて、認識という行為は、主に、2つの点で会計描写に関わっている。

　ひとつは、ビジネス活動において生起した個々の事象が、描写対象となる取引となるか否かを把握する際の関わりである。これは、描写の対象となるものであれば認識し、描写の対象とならないものであれば認識しない、という判断を、描写を行う主体の視点から下し、描写対象を識別することである。

　もうひとつは、生起した事象を「いつ」生じたものであるかを把握する際の関わりである。これには、さらに2つの視点がある。

　まず、「いつの時点」において生じたものであるかという視点から述べると、これは、連続する時間軸の中で行われるビジネス活動において、事象に関する認識という行為をなす「特定の時点」をどのように把握するのかという問題に対し、描写を行う主体の視点から一定の判断を下すことを意味する。

　次に「いつの期間」において生じたものであるかという視点であるが、これは、会計期間という存在を前提として、ビジネス活動が関わる複数の期間のうち、事象に関する認識という行為をなす「特定の期間」をどのように把握するのかという問題に対し、描写を行う主体の視点から一定の判断を下すことを意味する。

　認識という行為によって、描写対象となる事象であるか否か、あるいは、いつの時点、どの期間において生じたものであるかを把握し判断を下すことで、5 要素によって行われる計算体系に組み込まれる事柄や、「描かれた姿」としての会計情報のコンテンツが決まることになるのである。

【 測 定 】

　会計ルールにおいて、測定という行為は、主に、取引金額の決定という点で会計描写に関わっている。

　これは、経済社会のなかで、日々変化し続ける取引価格や価値という前提のもとで、描写対象たるビジネス活動のひとつである事象が、「いくら」で取引されたのかという問題に対して、描写を行う主体の視点から金額を決定することを意味する。

　測定という行為によって金額を確定することができれば、帳簿上の計算体系に組み込み、その事象を計算に関わらせることができるようになる。また、その事象が生じることによって変動した勘定の数値を明確化することで、財務諸表上にその取引のインパクトを正確に表現することが可能となる。

　現代の経済社会では、日々ビジネス環境が変容し、取引もそれに応じて複雑化している。そのため、認識という行為によって、記録する時点については一定の判断を下すことができる場合であっても、その時点において、いくらの取引とするかはまだ確定できないというケースも少なからず存在する。したがって測定という行為を認識と分離して捉える必要がある。

【評　価】

　財の取引に関する認識と測定は、会計ルールにおいて、長い間、評価という行為で捉えられてきた。

　複式簿記による記帳活動は、取引を行う企業側の視点で行われる。そのため、取引の特性を表現しやすい記録方式が選択される可能性が高い。特に、有形財に関わる取引では、当事者は、基本的に財の引き渡しと対価の支払いについての取り決めを行う。そのため、これを帳簿に記帳する際、その資産の金額の測定は独立に行わず、その時の取引金額である対価（財の取得のために犠牲となる金額）に基づいて入帳価額が付されたのである。こうした考え方を測定対価主義という。

　このように、有形財の取得の取引においては、取引時点において、その時の取引市場状況を集約した取引金額たる対価に基づいて金額が測定されることで、入帳価額が付されていた。そのため、認識と測定をひとまとめにして評価という視点からその行為を捉えてきたのである。

　しかしながら、こうした捉え方にはひとつの大きな問題が存在する。財には、その特性に応じて取引市場があり、そこで日々価格が形成されているが、取引は特定の時点で行われるため、記帳日以降の価格形成は反映されないのである。そのため、財の市場価値の変動が大きい場合、帳簿上の記録数値との間に本質的なギャップが生じていた。

　そこで、こうしたギャップについて、財務諸表を作成する期末時点において、その価値形成の状況を把握し、入帳時点の価格を期末時点の市場価値に修正し直す必要が生じることになる。すなわち、期末時点において所有財産たる資産の評価を行うのである。

　しかし、近年では、財やサービスに関わる取引の多様化その他の要因から、評価も期末時点だけでなく、期中にその時点において把握される公正価値を用いて行われ、帳簿に記録されるようになっている。この背景には、企業価値を評価することに対する投資者をはじめとするステークホルダーの情報ニーズの変容も関係している。

　また、財の取引に関しても、評価というひとまとめの行為概念ではなく、日々形成される価値を認識、測定、それぞれの行為でセパレートに捉える動きも見られるようになってきている。特に、取引時の対価ではなく「契約」と「履行義務」とに着目し、これまで十分に捉えられなかった権利・義務の時間的な変化を、認識と測定の2つの行為に照らして表現する様々な手法は、会計描写の可能性を拡張させるものである。

【配　分】

　会計ルールにおいて、配分という行為は、ひとまとまりに生じる支出・収入を、どのように割当て関連づけるのかということについて、一定の判断を行うことという意味で用いられている。

　ビジネス活動においては、キャッシュフローがひとまとまりあるいは一時的に生じながらも、その経済的便益や経済的負担の発現パターンに差異が存在する市場取引が存在する。会計ルールにおいて、配分という行為は、こうした両者の差異に着目して行われる。

　すなわち、ひとまとまりにあるいは一時に生じたキャッシュフローの金額を、生じた対象あるいは時点だけではなく、複数の対象あるいは複数期間へと人為的に割当て関連づけるのである。

　具体的には、取引において生じるキャッシュフローを、各対象あるいは各期間に対して、組織的・合理的に割当てて、該当期間にそのデータを帳簿記録することを通じ、当該期間の損益計算に関わらせる。

【記　録・計　算】

　ビジネス活動について会計上、認識、測定あるいは評価がなされると、これを帳簿体系に組み込むことが必要となる。これを会計では、記録・計算という行為と捉える。この記録・計算を行うことによって、はじめて帳簿体系において行われる演算という行為の対象となる。

　しかし、ここでひとつの疑問が生じる。複式簿記における記録・計算と会計

ルールにおける記録・計算とは、何が異なるのか、ということである。この疑問には、次のように答えを返すことができる。

先に説明したように、会計ルールは、一定の会計思考に基づいて、企業が実際に行った多様なビジネス活動を、要約情報として会計数値に描写させる目的で、会計ルールの設定主体により設定される。これは、会計思考によって「表現される姿」を規定し、それを表すための詳細な会計ルールを、設定主体が設定する、ということを意味する。

この会計ルールにおける描写技術として選択されているのは、基本的に複式簿記であるから記録・計算という行為自体は、複式簿記で行われるものを利用している。従って表面的には大きな違いは感じられない。しかしながら、会計ルールでは、その目的に照らして適当でないものは、簿記上の取引であっても、記録対象から除外されることになり、また計算過程からも外されることになるのである。その意味で、会計上の記録という行為は、簿記の記録・計算よりも、さらに制約的な行為である、ということができるだろう。

【報　告】

企業が作成した会計情報を、「描写された姿」としてどのようにステークホルダーに伝えるのか、という問題について、一定の判断を行うことを、会計ルールでは報告という行為で捉える。

すなわち、複式簿記の記録計算体系にインプットされた日付順のデータベースと、勘定ごとのデータベース等に記録されたデータを用いて、どのステークホルダーに対して（報告の対象）、如何なるフォーマットによって（報告の様式）、どの程度の量および質によって（報告の内容）、会計情報を伝達するかを定めるのである。

～～～～　資格試験等における簿記の範疇　～～～～～～～～～～～～
税理士や公認会計士などの国家資格試験や日本商工会議所等の資格試験における簿記の試験範囲を見ると、退職給付会計やリース会計等の領域が

設定されており、一見すると、財務諸表論との領域に違いがないように感じられるかもしれない。実は、これには理由がある。

　これらの専門家・資格者は、制度等のもとで一定の実務を担う。このため、その時点の会計制度の下で行われる様々な会計処理に対して、必要となる描写技術としての複式簿記のスキルを習得することが求められる。したがって、会計ルールを表現するための複式簿記の技法がその範疇となるのである。

〜〜〜〜〜〜〜〜〜〜〜〜〜〜〜〜〜〜〜〜〜〜〜〜〜〜〜〜〜〜〜〜

第3節　フロー・ベースの期間損益計算と会計ルール

（a）フロー・ベースの会計ルール設定視点

　フロー・ベースの期間損益計算は、当期純損益等式を変形して得られる、次の期末損益計算書等式に、端的な形で表現される。

【期末損益計算書等式】

$$\text{期間費用} \quad + \quad \text{期間損益} \quad = \quad \text{期間収益}$$

　このシンプルな期末損益計算書等式では、その期間の費用（期間費用）および収益（期間収益）という2つの要素を用いて期間損益を計算する。そのため、期間損益の性質や金額を規定するには、期間費用および期間収益に属する各勘定を、会計ルールにおいて、どのように認識・測定するのかを、それぞれ決定すれば良いことになる。言い換えれば、会計ルールにおいて、費用および収益を構成するそれぞれの勘定についての会計処理を、それぞれどのように規定するか、あるいは費用および収益自体をどのように定義するのかが、会計ルールの設定におけるひとつの具体的な焦点となる（図表3−2①および②）。

　この損益計算書等式には、もうひとつ重要な視点が示されている。それは

期間費用と期間収益をどのように対応させるか、という視点である。これらの対応関係を、それぞれどのように規定するのかによっても、期間損益は異なって示される（図表3-2③）。

こうした課題を対象として、ビジネス活動における損益取引のフローの変動の側面を、どのように認識、測定、記録・計算し報告すれば、企業の経営成績を正しく表すことができるのかを、理論的な視点から考察するのが損益会計の領域である。この損益会計には、もうひとつの重要な役割がある。それは、純資産の会計と領域とのリンケージとしての機能、すなわち、ここで算定された期間損益を、純資産会計における稼得資本の会計に振替え、両者を関わらせることである（図表3-2④）。

図表3-2には、フロー・ベースの損益計算を会計ルールに規定する際に考察すべき上記4つの論点が、期末損益計算書を用いて簡潔に示されている。

ここでは、期間費用である売上原価と営業外費用、特別損失の各勘定の会計処理が会計ルールにどのように規定されるのかにより、期間費用の総額が変化し、同様に、売上、営業外収益、特別利益の各勘定の会計処理がどのように会計ルールに規定されるかにより、期間収益の総額が変化する、という関係が示されている。また、期間費用と期間収益がどのように対応するかという点も、会計思考によって変化し、それが期間損益を規定する関係となっていることが示されている。さらに、結果としてアウトプットされる期間損益が、純資産の会計領域の稼得資本の会計にリンクする関係にあることも示されている。

（b）費用・収益の認識ルール

費用および収益の認識については、基本的に、営業サイクルに沿って、現金基準、発生基準、実現基準、という3つの基準が存在している。

【費用および収益の認識のルール】
①現　金　基　準
この基準は、取引における現金収支という事実に着目し、現金収支があった

図表3－2　フロー・ベースの会計ルールの視点（勘定式）

時点において認識を行う基準である。この基準を用いると、現金支出時に費用が認識され、現金収入時に収益が認識される。現金の授受という、客観的に明確な事実に基づくため、主観的な判断等の要素がなく、確実性は高い。

しかしながら、今日のような信用取引を利用するビジネス環境に対し、この基準を適用することは、必ずしも適切といえない側面もある。例えば、仕入れや販売に掛取引を利用する場合、期間内の商品売買取引と代金決済の間には一定のラグが生じるため、経営成績に仕入活動と販売活動の対応関係が正しく表示されない可能性が生じてしまうことになる。

②発　生　基　準

この基準は、販売取引あるいは購入取引という事実が発生した時点において認識を行う基準である。発生時点を対象とするため、営業サイクルの比較的早い時点で認識がなされるという点では、費用認識基準として情報価値を有する認識基準である。しかしながら、対価の授受という点で、確実性が十分でないとの理由から、従来、特に収益の基準に関しては例外的に採用されてきた。

ところが、近年の収益認識の会計基準の登場（第8講で述べる）により、その焦点が、対価の授受ではなく販売にかかる取引の契約内容とその履行義務に移行し、その時間的な変動が発生ベースで描かれるようになったため、発生基

準も収益の認識基準としての要件を次第に具備してきている。

③実 現 基 準

　この基準は、販売取引あるいは購入取引という事実の発生だけでなく、取引相手との間において、引き渡しと対価の受け取り（確定）が行われた時点において認識を行う基準である。この基準に関しては、発生基準の項目において述べたように、対価の授受の面で確実性が明らかとなることから、収益の基準として最も適するものとして従来扱われてきた。現在でも、そのような確実性が依然重視されていることもあり、前述の「契約」と「履行義務」に着目し権利と義務を表現しようとする新収益認識基準においても、この実現基準に矛盾しない会計処理が多く採用されている。

（c）費用および収益の測定ルール

　会計ルールにおける費用と収益の測定の基準は、これまで基本的に、収入支出額基準が採用されてきている。この測定基準を用いているのは、費用は最終的に支出によって純資産の減少をもたらす取引として、また、収益は最終的には収入によって純資産の増加をもたらす取引として、それぞれ捉え得るからである。

　損益取引における対価の支出や収入のタイミングには、バリエーションが存在する。そのため、損益取引によって生じる当期費用と当期収益の金額は、必ずしも、当期の支出額や収入額で測定されない場合も生じることになる。

　これを図表3−3を用いて表すと次のようになる。

　まず、当期の費用額を取引時の支出により測定する場合は、図表3−3では③で表され（例：通信料、水道光熱費等の経費の支払い）、当期の収益額を取引時の収入により測定する場合は、同図表の④で表される（例：現金による商品販売等）。

　次に、当期の費用額を将来期間の支出により測定する場合は、同図表では⑤で表され（例：未払費用、退職給付費用等）当期の収益額を将来期間の収入によ

図表3－3　収入および支出と時制の関係

	支　　出	収　　入	
過去	① 過去の支出	② 過去の収入	確定済
現在	③ 現在の支出	④ 現在の収入	
将来	⑤ 将来の支出	⑥ 将来の収入	未確定

り測定する場合は、同図表の⑥で表される（例：売掛金、未収収益等）。

　さらに、当期の費用額を過去期間の支出により測定する場合は、同図表では①で表され（例：減価償却費等）、当期の収益額を過去期間の収入により測定する場合は、同図表の②で表される（例：前受収益等）。

　ところで、上記の③および④以外の4つのケースについては、認識時点と測定の時点との間に、時間的な隔たりがあることから、いくつかの論点が生じる。これは、①や⑤のように、支出時に一時に生じるキャッシュフローを、配分という行為を通じて複数の期間に費用として人為的に割り当てる作業（費用配分）に関するものである。

　まず、①では、過去において取得した有形固定資産のうち費用性資産について、減価償却という費用配分の原則に基づいた会計処理を適用することで、取得に要した金額を使用期間にわたり費用として期間配分する。そのため、取得時に入帳された一時点の支出額を、市場価値の変動に関係なく、人為的に長期間にわたり期間配分することになるからである。したがって、この配分を正当化する論拠が、会計ルールには付されなければならない。

　次に、⑤では、将来の退職給付における支出額を一旦見込額として算定し、それを現時点から勤務完了に至るまでの期間に費用配分する、という手続きが採られる。これは、①の場合と比べて2つの不確実性が関わる。ひとつは、将来の支出額を見積るという意味での支出額自体の不確実性である。いまひとつは、時間価値の変動を想定して設定した割引率を用いて、上記の見積り費用を期間配分する際にさらに割引計算を行うため、その意味においても不確実性が

60

介入することである。この会計処理に関しても、会計ルールとする場合には、その根拠を会計思考に基づいて明確にしなければならない。

（d）費用と収益の対応

　これまでの説明により、費用および収益については、本来、様々な認識・測定の基準が存在しており、会計ルールの設定に際して、その中から特定のルールが、一定の会計思考に基づいて選択される仕組みとなっていることが、十分理解されたと思われる。

　とはいえ、これだけでは、企業が期間損益を適正に算定するための準備として、未だ不十分である。なぜならば、もうひとつ基準を定める必要があるからである。それは、企業の努力としての期間費用と、成果としての期間収益とを、どの様に結びつけるのかを示す「対応」という基準である。

　これまで見てきたように、費用の認識基準に関しては、基本的に発生基準が採られている。これに対し、収益の認識基準に関しては、確実性や客観性の視点から実現基準が採られている。したがって、この状態のままでは、当期に記録された費用であっても、それに対応すべき収益が、期間損益計算に含まれない場合も生じ得る。

　そこで、このような問題を解消するため、会計ルールでは、当期の発生費用のうち、当期収益の獲得に貢献した部分のみを当期の期間損益計算に含める処理が採用されている。これを費用収益対応の原則という。

　対応という概念には、個別的対応、期間的対応等、様々なものが存在するが、期間損益計算の会計ルールにおいて対応関係を考える上で、特に重要なのは、次の問題に対し、会計思考に基づきひとつのポリシーを表すことである。

　費用および収益には、少なくとも、①営業収益・営業費用：営業サイクルに関わるもの（営業損益の多寡に関わる項目）、②営業外収益・営業外費用：営業外の活動で生じたものであっても経常的なもの（営業外損益の多寡に関わる項目）、③特別利益・特別損失：営業外の活動で生じたもののうち経常的ではないものや臨時的なもの（特別損益の多寡に関わる項目）という、3つの性質の異

なる項目があり、これらを如何なる対応関係のなかで捉えて期間損益を表示するかが問われることになる。

　この点について、現行の会計ルールでは、報告式損益計算書における期間損益の段階表示を採用し、次のように規定している。

　まず、第一の期間損益は粗利とも呼ばれる売上総利益である。これは、営業収益である売上高から、営業費用である売上原価を差し引いて求める。売価と原価を個別的・直接的に対応させるため、業種ごとの特性が表れ易く、指標として利用しやすい。

　第二の期間損益は営業利益である。これは、先に求めた売上総利益から、営業収益に、期間的・間接的に対応する営業費用、すなわち、販売費及び一般管理費を差し引いて求める。この計算過程を通じて、本業を源泉とする損益の発生状況が表現されることになる。

　第三の期間損益は、営業損益に営業外損益を加味して求める経常利益である。営業外項目は、利息等のように、時の経過とともに生じるものが多く含まれている。そのため、営業損益計算の対象となる営業活動期間に発生した営業外収益と営業外費用とを、期間的・間接的な視点から対応させて、これを営業損益に加味することにより、期間業績の尺度としての期間損益（期間利益）の数値を求めるのである。

　第四の期間損益は、税引前当期純利益である。ここでは、上記で求めた経常損益に、臨時的な要因等によって生じた特別利益と特別損失とを、期間的・間接的な視点から対応させながら、加算あるいは減算することによって、法人税、住民税、事業税等の諸税コストを負担する以前の段階における当期の期間損益を表現する。

　第五の期間損益は、当期純損益である。これは、税引前当期純利益から、税コストの負担額とその調整額（税効果会計適用時）を加減して求める。

第4節　ストック・ベースの期間損益計算と会計ルール

（a）ストック・ベースの会計ルール設定視点

　ストック・ベースの期間損益計算は、次の期末貸借対照表等式に端的に表現される。

【期末貸借対照表等式】

期末資産 ＝ 期末負債 ＋ 期首純資産 ＋ 期間損益 ＋ 評価換算差額

※資本取引および準備金の取崩しが無い場合

　期末貸借対照表等式は、本来、期末資産と期末負債、期末の純資産、という3つのエレメントから構成される。

　しかし、複式簿記の仕組み上、期中の損益取引によるストック面の変動は、専ら、資産と負債に記録され、純資産に関わる勘定を直接増減させることはない。そのため、帳簿には、期首純資産の数値が、期末に至るまで、そのまま記載され続けるという特徴が表れる（資本取引や利益処分等がある場合は期末元入資本となる）。

　このような理由から、期末の純資産は、上式のように、帳簿上の期首純資産額に、損益計算のアウトプットたる当期純損益を振替・加算することによって表すことになる。これは、前節において確認したように、稼得資本の会計とのリンケージという損益計算書の重要な役割によって支えられている。

　さらに、資産のなかには、期末評価等により生じた評価換算差額を損益計算に関わらせないものもある。その場合、当該評価換算差額は、現時点に明らかにされた潜在損益ではあっても、確定するまでは変動の可能性があるため、期間損益と別個に表示する必要が生じる。

　こうして、期末の純資産は、上述の期末貸借対照表等式に示された3つの項目、すなわち、期首純資産、期間損益、評価換算差額の合計として表示がなさ

図表3－4　ストック・ベースの期間損益計算の視点

貸借対照表
×1年3月31日

①資産の定義、
認識・測定
(評価)によ
りこの大き
さが変わる

| 資産 | 当座資産
棚卸資産
その他の流動資産
流動資産 | 買入債務
短期借入金…
流動負債 | 負債 | ②負債の定義、
認識・測定
(評価)によ
りこの大き
さが変わる |

社債
退職給付引当金
固定負債

有形固定資産
無形固定資産
投資その他の資産
固定資産

出資等　資本金
資本準備金
その他の資本余剰金

経営活動の成果　利益準備金
任意積立金
繰越利益余剰金
前期繰越
当期損益

繰延資産
繰延資産

評価換算差額

純資産

③純資産の定義、
認識・測定に
より株主の価
値と処分可能
額の大きさが
変わる

①1費用性資産の
費用化(償却)
損益会計との
関係

↑
④資産・負債の項目の配列の視点

れることになる。したがって、この式に基づいて、会計ルールに、個々の項目
に関する認識および測定を具体的に定めることで、期間損益を明確に規定する
ことが可能となる。

　図表3－4には会計ルールにストック・ベースの期間損益計算を規定する際
の視点が、前述の期末貸借対照表に基づいて示されている。この図表を見れば
明らかなように、ストック・ベースの期間損益計算は、①資産会計の領域、②
負債会計の領域、③純資産会計の領域、という3つから構成される。

【資産会計の領域】
①資産の定義と資産会計の意義
　企業は、自己資本および他人資本によって元手となる資金を調達する。期末
の貸借対照表では、その調達資金を用いて行なった投下運用活動以降のビジネ
ス活動の結果が、資産の各勘定に関わる様々な会計処理を通じて、資産の運用
状態という姿で期末資産に表現される。

　資産とは、将来の収益の獲得に役立つ企業の経済的便益（経済的資源等）であり、貨幣額で合理的に測定されるもの、と定義される。

　この資産勘定に関わる会計処理は、複式簿記の仕組み上、その裏面に、資産、負債、純資産、費用、収益といった様々な要素が結びついている。こうした取引を、主として資産側の視点から捉え、資産の取得から、保有（利用）、そして売却（処分）に至るまでの経済活動を、どのように認識、測定、記録・計算し報告するべきであるのか、資産の各勘定に関わる会計処理を如何に規定するか、という課題を理論的に考察するのが資産会計の領域である。

②資産会計の分類

　資産には、いくつかの分類視点がある。貨幣・非貨幣分類は、調達資金や回収資金の投下運用状態から資産を区別する分類視点である。未投下の状態であれば、貨幣性資産であり、投下状態であれば、非貨幣性資産となる。

　非貨幣性資産は、費用性資産と、損益に関係しない出資金等に分けられる。費用性資産については、使用や時の経過に伴って償却手続きにより費用化される。基本的には、取得に要した資産額を将来期間に配分する、という方法によって償却額が決定されるため、取得に要した資産額がどのように認識・測定されるかが費用額の決定に大きく影響を及ぼすことになる（図表3－4の①$_1$）

　これに対し、流動・固定分類は、流動性や支払能力から資産を区別する分類視点である。この区分の基準には、1年基準（ワンイヤー・ルール）と正常営業循環基準（ノーマル・オペレーティング・サイクル・ルール）の2つがある。すなわち、1年以内あるいは正常営業循環期間内で支払い等に利用される資産を流動資産とし、それ以上利用・保有する資産を、長期の使用に供する固定資産と捉えるのである。

　今日の財務諸表では、基本的に、この流動固定分類が採用されているが、分類視点そのものは、対立する概念ではないため、その他の分類も、必要に応じて適宜併用されている。例えば、繰延資産は費用性資産という位置付け（既支出の費用であるが、将来期間への配分を認め計上する資産）であるが、計算上の擬

図表3−5　資産の分類と主たる勘定科目の例

```
流 動 資 産
    当座資産
        現金、預金、売掛金、受取手形、売買目的有価証券、短期貸付金
    棚卸資産
        商品、製品、原材料、消耗品
    その他の流動資産
        前払費用、未収収益

固 定 資 産
    有形固定資産
        土地、建物、備品、機械
    無形固定資産
        特許権、借地権、ソフトウエア、のれん
    投資その他の資産
        投資有価証券、長期貸付金、子会社株式、長期前払費用

繰 延 資 産
    創立費、開業費、開発費、株式交付費、社債発行費
```

制資産で換金性がないため、流動固定分類とは別枠で計上する。

　図表3−5は、資産の分類とその主な勘定科目例を示したものである。

【負債会計の領域】

①負債の定義と負債会計の意義

　負債とは、将来期間において支払等の経済負担により資産を減少させるものであり、貨幣額で合理的に測定できるもの、と定義される。

　負債勘定に関わる会計処理は、資産勘定の場合と同様、複式簿記の仕組み上、その裏面に、資産、負債、純資産、費用、収益といった様々な要素が結びつく。

　例えば、銀行からの借入れを行う場合、借入れた金額が企業に流入し、他方で銀行に対する支払いの責務が生じるという意味で資産の増加と負債の増加が同時に生じ、返済の場合には逆に両者とも減少となる。

同様に、買入債務たる買掛金は、与信が供与されている一定期間内に商品の購入対価を支払うという経済負担を行う義務を表し、その金額が既に購入時点で明確にされているため、負債ということができるが、この背後には商品の仕入れという行為と、それに伴って生じる費用が存在する。

また、貸倒引当金を設定する場合は、貸倒引当金という評価勘定が負債計上され、同額の貸倒引当にかかる費用も損益に算入されるため、負債の増加と費用の発生が結びつくことになる。

こうした取引について、主として負債側の視点から捉え、負債の発生から、責務の継続する期間、そして消滅に至るまでの経済活動を、どのように認識、測定、記録・計算し報告するべきであるのか、また、負債の各勘定に関わる会計処理を如何に規定するか、という課題を理論的に考察するのが負債会計の領域である。

②負 債 の 分 類

負債の大部分は、法律上の債務である。法律上の債務には、買掛金のように将来金銭を支払う義務を負う金銭債務、前受金のように将来物品を引き渡す責務を負う物品引渡債務、そして前受家賃のように将来役務を提供する責務を負う役務提供債務、等々がある。

しかしながら、今日の負債概念には法律でない会計的負債というものも含まれる。この典型が修繕引当金である。修繕引当金は、将来支出が見込まれる修繕費用の見積りであるため、企業が引当金という会計上の仕組みを用いて処理することで生じる勘定である。しかし、法律上の債務ではないので、債務性は否定される。こうした視点から分類を行うのが、債務・非債務という属性による分類である。この分類を示したのが図表3－6である。

この属性分類では、債務をさらに、対象・期日・金額が確定済みの確定債務と、上記3つの条件がひとつでも未確定の条件付債務、そして、債務自体が発生するか未確定の偶発債務に区分する。

これに対し、弁済能力等に着眼しこれを明示するために、資産と同様、1年

図表３－６　債務・非債務分類（属性による分類）

```
債　務
   確定債務：対象・期日・金額が確定している債務
      支払手形、買掛金、借入金、預り金、前受金、未払金、前受収益、
      未払費用、社債等
   条件付債務：上記の条件がひとつでも確定しない債務
      製品保証引当金、役員賞与引当金、退職給付引当金等
   偶発債務：債務自体が発生するか確定していないもの
      債務保証

非債務（会計的負債）：合理的に予想できる　将来の価値減少
      修繕引当金等
```

図表３－７　負債の流動固定分類

```
   流動負債：価値の減少が短期的に生じるもの
      支払手形、買掛金、電子記録債務、短期借入金、
      預り金、前受金、未払金、未払費用、前受収益、
      修繕引当金……

   固定負債：価値の減少が長期的に生じるもの
      長期借入金、社債、退職給付引当金、製品保証引当金
      特別修繕引当金
```

基準あるいは正常営業循環基準を用いて流動負債と固定負債に分類する視点も
存在する。この流動固定分類は、図表３－７のように示される。資産の場合と
同様に、今日の財務諸表では、この流動固定性分類が採用されている。

【純資産会計の領域】
①純資産の定義と純資産会計の意義

　純資産には、2つの側面がある。ひとつは、実物財としての正味財産という側面であり、これは、複式簿記の仕組み上、積極財産たる資産と消極財産たる負債の差額概念として把握される。具体的には、資金調達された資金を出発点として、それ以降、必要に応じて行われる資本取引と、日々繰り返される損益取引による増減の結果、差額として得られる記録上の正味財産額である。

　いまひとつは、持分に関わるすべての者に対して企業が負う責務金額としての側面であり、これは本質的に負債と同様、将来におけるキャッシュ・アウトフローとしての意味を有している。

　ただし、負債が将来の経済的負担として明確にキャッシュ・アウトフローを位置付けられるのとは異なり、持分の場合、企業が継続する間は、一部を除き社外へのアウトフローを禁じられ、持分に関わるすべての者に資するために、企業内に拘束される性質を持つ。したがって、この側面からの純資産は、持分に関わるすべての者にとっての「継続企業の価値額（企業価値）」を表す。

　2つの側面をもつ純資産を直接の対象として、その両者の関わりも含めて、それらの変動にかかる様々な取引を、どのように認識、測定、記録・計算し報告するべきであるのか、また、純資産の各勘定に関わる会計処理を如何に規定するか、という課題を理論的に考察するのが純資産の会計の領域である。

②純資産の分類

　今日の財務諸表では、株主資本、評価・換算差額、そして新株予約権、という3つの項目から構成されている（図表3 - 8）。

　株主資本は、払込資本（出資に基づく金額）、稼得資本（経営の成果として稼得した期間損益を資本に元入れした金額）、受贈資本（他の主体から財産の贈与または債務の免除を受けた金額）、評価替資本（物価変動に伴う価値の変化を受けて評価をし直した金額）等を対象とする会計領域であり、これらを資本金、資本剰余金、利益剰余金という3つのカテゴリーを用いて表現する。

　ところで、企業は、何らかの形で還流した自社発行の株式（自己株式という）を取得し、保有することがある。この自己株式の性質については、有価証券の取得とみる「資産説」と資本の払い戻しとみる「資本減少説」の2つが存在す

図表3－8　純資産の分類（財務諸表上の分類と源泉別分類）

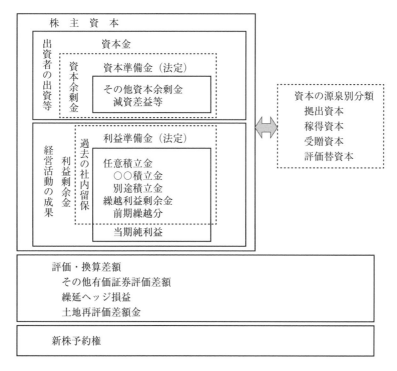

るが、現行のルールでは資本減少説を採用し、これを株主資本に関わらせて表示している。

　第2講で観察したように、帳簿上の記録データは市場における連続的な価値変化を一時点で捉えるものである。そのため、資産の記録された時点の帳簿価額のデータと、連続性を持つ市場価値の期末の価値との間には差異が生じることとなる。評価・換算差額は、現時点において生じている、このような評価差額のうち、損益に算入されないものを扱う会計領域である。

　当該差額は、現時点で既に生じている純資産の変動額ではあるが、稼得資本としての確定条件を完全には満たしていないことから、株主資本の枠外において、現時点のスナップショットとしての姿を、純資産の部に表示するに留める

のである。この区分には、その他の有価証券評価差額金、繰延ヘッジ損益、土地再評価差額金が含まれる。

　有価証券のオプションのひとつである新株予約権は、保有者が予め定められた価格で株式の交付を受けることができる行使権である。株式発行に関わる権利として持分の価値の変動に影響をもたらす要素として、純資産に計上する。

　新株予約権の発行は、新株予約権付社債のように、社債と一体の形で行われる場合、単独で行われる場合等、様々であるが、労働に対する報酬として、企業がその従業員や役員に対して発行する場合もあり、この場合には、他のケースと区別して、特にストック・オプションと呼ばれている。

（ｂ）資産と負債の認識・測定・評価の基準

【資産の認識・測定・評価の基準】

　既に、第２節の「評価」で述べたように、資産の多くを占める有形財の会計ルールにおける価値決定は、従来、認識および測定を合わせ、評価という視点から行われてきた。それは、有形財の取引では、「測定対価主義」という会計思考に基づいて、資産自体の測定を独立に行わず、財の取得のために要した犠牲額をもって、帳簿への記録金額が決められていたからである。

　こうした背景から、資産の評価基準全般についても、取引市場における対価である市場価格に焦点が当てられ議論が行われてきた。この場合の取引市場とは、資産の取得にかかる購入市場と、売却にかかる売却市場である。

　この２つの取引市場における資産評価の視点を、図表３－９を用いて説明すると、次のようになる。

　図表３－９を、企業の資産取引の視点から捉える場合、取引Ａは購入取引、取引Ｂは売却取引となる。例えば取引Ａで、企業（当社）はＡ社より有形財を購入し、その対価をＡ社に支払うとする。一方、取引Ｂでは、企業（当社）はＢ社に有形財を売却し、その対価を受け取る。測定対価の思考の下では、どちらの対価金額も、有形財の資産価額を決める評価行為の金額測定面を担う基準とみることができる。

図表3－9　資産・負債の評価の視点

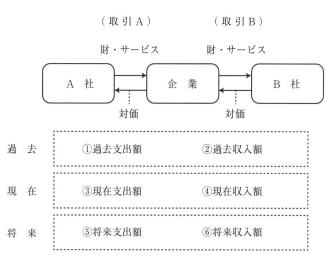

この２つの対価に関しては、さらに、取引の行われる時制に応じて、過去、現在、将来の３種類を、それぞれ観察することができる。これは、有形財の資産価額を決める評価行為の認識面を担う基準ということができる。こうして、理論上は、図表３－９の①から⑥の資産評価の基準が得られることになる。

（※同図表の②および⑥の理論上の評価基準は仮定が不可能であることから実際には存在しない。）

通常、企業は、有形財をＡ社から購入し、使用する。ここで注意しなければならないのは、その使用・保有の間は、有形財の帳簿価額が、市場における価値形成とは切り離された状態となることである。

複式簿記を前提とする記帳技術が採用されている現在の会計情報の作成プロセスにおいては、基本的に、資産の帳簿価額は取引時点の価値（同図表③）で記録され、市場における価値の変化は計算体系に関係しない仕組みとなっている。したがって、当初現在支出額（同図表③：購入時の時価）を表していた有形財の帳簿価額が、記録および保有という行為を通じて、時間の経過とともに過去支出（購入）額（同図表①：取得原価、歴史的原価あるいはヒストリカル・コス

トともいう）を表すようになるのである。

　こうして、保有を通じて市場価値との間に差異が生じた帳簿価額は、そのままでは、ステークホルダーの情報ニーズに対して有用な情報を提供できないため、評価替えが要される。

　この際に、評価基準として対象となるのは、基本的には、その時点の時価あるいは現在原価（カレント・コスト）としての現在支出（購入）額（同図表③：取替原価、再調達原価）、または、現在収入（売却）額（同図表④：純実現可能原価、正味売却価額）である。

　資産の評価基準については、将来の時点における将来支出（購入）額（同図表⑤）も存在する。ただし、これには「見積り」という仮定に基づく人為性が介入する。また、将来価値と現在価値には時間的隔たりが存在するため、時間価値を考慮し割引現在価値を求めなければならない。

　近年、資産の期末評価、減損処理、その他多くの会計処理において公正価値という評価基準が導入されている。

　この動向の基底には、価値に関わる変動が生じる場合、企業に期末時点を待たず積極的に時価基準による再評価を行わせ、可能な限り現在の企業の市場価値を会計情報に開示させるよう会計ルールを設定し、投資者が、投資対象たる企業の財務情報を得られるようにするという思考が存在する。

　資産のなかには、必ずしも取引市場を持たないものも存在し、その場合には観察可能な時価を得られないことが多い。そこで、時価評価できるものは時価を利用し、時価が得られないものについては、合理的な見積り価値を割引現在価値で算定した公正な評価額を時価の代用とする、という会計思考から公正価値評価が導入されたのである。

【負債の認識・測定・評価の基準】

　負債の多くは債務であり、そのなかでも確定債務は、ビジネス活動において高い頻度で利用されている。そのため、従来、負債の認識・測定については、契約時において取り決められた金額（契約額・弁済額）に着目し、その額をもっ

て評価されてきた。すなわち、上述の資産の認識・測定で観察したのと同様、「債務にかかる役務」と金額自体は契約時に決定され、貨幣価値等が変動してもそれ自体は変化する性質ではないことから、「測定対価主義」の会計思考に基づき「対価」として支払う金額が用いられ評価されていたのである。

　また、これ以外の項目については、従来、引当金項目がその大部分を占めており、引当金も、基本的には評価手続に関わることから、負債の認識・測定は評価という視点から考えられる場合が多かったといえるだろう。

　ただし、このような評価については2つの点で問題を内包している。ひとつは、債務としての負債額が帳簿上表現する金額の意味内容である。

　すなわち、契約額は、取引時に決定されるため、その時点では図表3－9の③の意味を持つが、記帳という一時点の行為によって価値変動から切り離された額が債務サービスの継続期間中はそのまま記載され続けるようになり、結局は同図表の①の意味を表すことになるのである。今日のような、ビジネス手法の複雑化・高度化の状況を考え合わせる場合、債務の市場価値を帳簿にシームレスに反映できるような会計ルールも必要となる。リース負債、利息法による社債の評価、資産除去債務等に、将来支出額（同図表⑤）の割引現在価値による評価が導入されている背景には、こうした視点が存在している。

　いまひとつは、引当金の場合に介入する合理的見積り数値をどのように評価基準として利用するかという問題である。

　例えば、退職給付引当金の場合、その計上金額算定のベースとなる退職給付債務についての長期的な予測が必要となり、そこに様々な変動パラメータ（利子率、昇級率、退職率、収益率、等々）を関わらせて算定した上で割引現在価値に修正し、期間配分するという評価方法が採られている。

　したがって、そうした不確実性に配慮する視点から、負債に関しては、将来の測定対価を公正価値によって合理的に予測・算定することで評価が行われている（同図表の⑥）。

　また、近年では、こうした視点とは異なる負債概念も登場してきている。それは契約負債という概念である。契約負債は新収益認識基準が導入され、販売

取引を「契約にかかる対価の受け取り」と「契約の履行義務」の視点から捉え、両者の時間の経過による変化を捉える会計ルールである。

この処理では、契約時において履行義務たる契約負債が発生したものと認識され、それを契約内容で決定された契約資産の対価額で測定する。契約負債にかかる役務の提供は、時間の経過とともに履行されるので、それに伴って収益が損益計算に算入され、同時に義務としての契約負債も消滅する、という流れで行われる。

つまり、新収益認識基準では、収益の確定時点に先立って契約時に負債を認識し、また、債務の発生に先立って履行義務を会計上の負債概念と表現するのである。したがって、この場合の負債評価基準は、過去の契約時点で決定された契約の対価としての過去収入価格（同図表の②）である（ただし、変動対価は修正される）。

（c）費用配分の原則

既に費用の測定において説明したように、会計では、支出時に一時に生じるキャッシュフローを、配分という行為を通じて、複数の期間に対し、費用として人為的に割り当てる作業を行う。この配分ルールを費用配分の原則という。

この費用配分の原則が適用された会計処理の典型が、有形固定資産の減価償却である。

建物等の有形固定資産は、取得後、長期にわたってビジネス活動に利用され、収益獲得に役立つ。そのため、取得に要したコストは、利用期間にわたって消費に応じて配分するのが適切である。こうした考えの下で行われるのが減価償却である。

期間損益の視点で減価償却を捉えると、有形固定資産のうち費用性資産として貸借対照表に計上されるものを対象とし、その取得に要した一時点の支出額を、使用期間にわたって費用として人為的に期間配分する手続き、ということになる。費用化されるものは損益計算に組み込まれ、残りは、未償却分として貸借対照表に置かれ、時期以降に繰越すことで将来の費用化に備える。

図表3－10　費用配分の原則

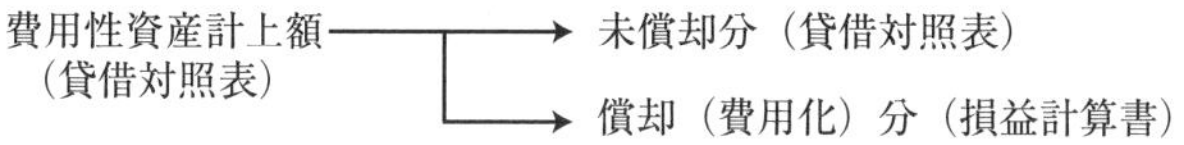

費用性資産計上額 ─────→ 未償却分（貸借対照表）
（貸借対照表） ────────→ 償却（費用化）分（損益計算書）

　期間配分の対象は費用性資産だけではない。資産だけではなく、負債も配分の対象となる。退職給付債務も、支出の後期性、費用原因の当期性、計上額の合理性、という3つの要件を満たすことで、費用配分の原則の対象とされる。

　すなわち、将来の退職給付における一時の支出額を、見積りと割引現在価値の視点から合理的に算定し、それを、原因の発生する、現時点から勤務満了に至るまでの各期間に費用配分する手続きが採られるのである。

（d）純資産の認識・測定・評価

　前述のように純資産には、①積極財産たる資産と消極財産たる負債の差額として把握される正味財産の側面と、②持分に関わるすべての者に対し企業が負う責務を表す額としての側面があり、会計ルールが記録技術として利用する複式簿記においては、①は資産および負債の各勘定に、②は純資産の各勘定に、それぞれ日常の記帳活動を通じて記録される。

　会計ルールが選択した記帳技術としての複式簿記では、この2つの記録数値は、当初の記録上は一致し、それぞれの評価額を表している。しかし、ビジネス活動が行われ、それが日々記録されるにしたがい、徐々に乖離することとなる。その原因は、複式簿記という記帳技術の特性にある。すなわち、日々の損益取引のうち資産および負債の2つのストックの変動に関わる情報は、専ら①にのみ記録され、②には記録されない。そのため、②の金額を期末に修正し、両者を一致させる必要が生じるのである。実は、この差額こそ、ストック・ベースで算定される稼得資本を意味する。つまり、当初の純資産額の評価額に加えられるべき成果部分として評価が要される額である。

　ところが、複式簿記の手続き上では、このような評価を直接行わず、決算本手続きにおいて算定されるフロー・ベースの期間損益を、純資産勘定へと振替

える手続きによって移記するという、いわば代用的な処理と表示を行う。したがって、成果としての稼得資本は、代用的な形ではあるが、この振替処理の時点で認識されて計上されることになる。

　評価・換算差額や新株予約権に関しても、②の、「持分に関わるすべての者に対し企業が負う責務を表す額」に対して変動をもたらすため評価額を計上する。ただし、前述のように、評価・換算差額は、稼得資本としての確定条件を完全には満たしていないことから、株主資本の枠外において、現時点のスナップショットとしての姿が表示される。また、新株予約権は、株式発行に関わる権利として持分の価値に変動に影響をもたらす要素として計上される。いずれも、それぞれの処理において認識・測定がなされる。

　以上が、純資産の評価に関わる処理であるが、ここには、重要な論点が内包されている。それは、複式簿記という記帳技術の特性に由来するものである。

　複式簿記では、①および②に関わる変動が、取引時点というひとつの時点で人為的に帳簿記録される。それゆえ、実際に市場において連続して行われる価値形成の状況からは切り離されたデータが、帳簿に記録され一覧表等に表示されることになる。つまり、①は不連続なデータの集合として表示され、②には（評価替えを除き）当初の価値のみが表示されるのである。しかし、これでは企業価値に焦点を当てるステークホルダーの情報ニーズには十分に応じることができない。

　このような背景から、近年では、資産や負債について公正価値による評価が導入されるようになってきており、稼得資本に関わる損益取引の変動額についても、また、評価換算差額の算定にかかる取引を通じて算定される当該差額についても、企業価値を表し得るよう、会計ルールが変更されてきている。

研 究 問 題

問題1　会計情報を作成するのに、会計ルールが必要とされる理由について、モ
　　　　ラルハザードという視点から説明しなさい。

問題2　会計ルールにおいて用いられる認識、測定という基本行為について、そ
　　　　れぞれ説明しなさい。

問題3　収益と費用の認識基準について説明しなさい。

問題4　負債の分類について説明しなさい。

問題5　資産と負債の評価基準について説明しなさい。

文 献 研 究

1　利 益 の 意 義

（友岡　賛『会計学の基本問題』慶應義塾大学出版会、2016年。）

　会計学の基本問題を、会計とは何かを考える（第1部）、簿記と複式簿記を考える
（第2部）、会計学のあり方を考える（第3部）、会計の歴史研究を考える（第4部）、
という4つの視点から深く考察する本書は、一般の類書が見落としがちな重要な視
点をとりあげ、深く考究している。

　そのなかでも、「利益の意義」を考究する第1部第3章では、一般に、会計におい
て算定されることが当然のごとく扱われがちな「利益」という概念に焦点を当て、
その本質を鋭く論究している。

第4講
企業会計制度と財務報告

第1節 本講の焦点

　これまで繰り返し述べてきたように、企業は、ビジネス活動の顛末を会計情報に要約し、①自らの経営活動やその良否に関わる判断に利用し、②ステークホルダーの経済的意思決定の判断材料を提供する。

　この2つを対象として、会計という行為をどのように行えば、それぞれの目的を合理的・効率的に行い得るのか、という視点から実務慣習を発達させるのが企業会計の領域であり、そこに、会計基準等といった一定の会計ルールを関わらせ、会計規範の視点から、①と②を合理的・効率的に行わせようとするのが企業会計制度である。

　企業会計は、もともと、商行為を含む、広義のビジネス活動に関わる当事者の間において生成した慣習を基礎としている。そのため、本質的には、①の領域において発達してきたといえよう。

　しかしながら、現代の社会では、企業の社会的プレゼンスが非常に大きく、それは日に日に強まっている。そのため、②の領域におけるニーズが高まり、それに応えるために、会計規範と法規範の2つの領域から会計ルールが課され、財務報告あるいは財務ディスクロージャーという情報開示システムが形成されるに至ったのである。

　マクロ経済システムという視点で、この財務報告を捉えると、ビジネス活動の顛末を要約して会計情報を作成する企業の「情報供給行動」と、その会計情報を利用するステークホルダーの「情報需要行動」とを調整する、一種の「市場」と捉えることができる。会計ルールは、この需給に対して生じ得る歪みを補正し、ルール設定者の視点から適正な均衡点に導くための一種の経済的インフラストラクチャーなのである。

　会計情報の作成には、①描写視点、②記録技術、③会計ルール、といった3つのフェイズの選択が必要であることは既に述べた通りである。このうち、第2講では①と②について、第3講では②と、③の一部、すなわち、期間損益計算に関わる基本行為と基本論点、そして、その背後に存する会計思考について、それぞれ学習した。したがって、本講では、③について、会計規範と法規範という視点から設定する場合に必要となる、論と理について学ぶ。

第2節　会計基準の設定を巡る論と理

（a）会計基準の重要性

　企業会計の対象は、経済社会の発達とともに、私的な利害関係に関連する事象を明らかにすることから、社会的な利害関係に関連する事象を明らかにすることへと、漸次移行してきている。これは、ごくパーソナルな限られた範囲においてのみ行われていた会計行為が、次第に、社会的な範囲において関心が持たれるようになり、その関心に応えるため広く行われるように展開してきたことを意味する。

　企業会計のこうした展開は、2つの重要な社会的な仕組みを構築することによって支えられてきている。そのひとつは、法律によって、この利害関係に関わる会計ルールを定め、これを、関係するすべての経済主体に適用することである。もうひとつは、予め「一般に認められた会計原則（GAAP）」という社会的に合意された会計ルールを設定し、それにしたがって企業に会計情報を作成させ、外部監査（会計ルールに沿って適正に作成されたかをチェックする公認会

計士の業務領域）を行なった上で、信頼性ある情報としてステークホルダーに対し報告させることである。このうち、法律によって会計ルールを定める仕組みは、後述の法規範による企業会計の規制、すなわち、制度会計に繋がるものである。

　どちらも財務報告の基盤となり、これを支える重要な仕組みであることは変わりない。しかし、本節で焦点を当てるのは、企業会計制度においてより本質的な意味を持つ、後者の方である。

　会計規範の領域は、法律による強制ではない、一種の自主会計ルールとして広く社会に浸透・発達している「GAAPたる会計基準」の存在によって成り立っている。

　このGAAPたる会計基準は、1929年のニューヨーク証券取引所の株価大暴落に端を発して1930年代の合衆国で導入され、以降合衆国を中心に発達し、その過程で様々な国や機関に影響を与えながら、より精緻化・高度化してきた会計ルールである。史的な経緯において、当初は「会計原則」と呼ばれていたが、1970年代に入って「会計基準」に変わってきた。そのため、この会計ルール設定機関は、現在、（会計）基準設定主体と称されている。

　基準設定主体による会計基準設定方式が、今日のように一般化するまでの過程では、①会計基準をどのように設定し体系化すれば、経済的に機能し得るものとなるかという点と、②いかに会計基準に強制力を持たせるか、という点が課題とされた。これらが満たされなければ、ステークホルダーの情報ニーズに適合する「質」の高い会計情報を提供し得ないばかりか、基準設定主体自身がその存在意義を問われる事態にもなりかねないからである。

　そこで、このような課題に立ち向かい、各国の基準設定主体と関係する諸主体は、外部報告と外部監査の拠り所である会計基準を、適切に設定し得る体制の確立に向けて、それぞれの国の法治領域内において整備を進めてきた。

　しかしながら、近年では、ビジネス活動や会計環境のグローバル化を背景として、この2つの課題を巡る基準設定主体の模索が、さらにステージを異にするグローバルなレベルで展開する様相を呈している。

　この動向のイニシアティブを握るのは、国際会計基準審議会（IASB）である。もともと国際会計基準審議会は、その前身機関の時代から各国の基準設定主体との間で、国際的な基準設定を巡って覇権争いを繰り広げてきたが、欧州連合（EU）という経済圏の後ろ盾を得ることで、徐々に国際的なプレゼンスを高めていった。

　今日では、IASBによる会計基準（IFRS）とその基準設定体制は、各国の資本市場規制機関を構成員とするIOSCOという権威ある機関からの支持を受けている。したがって、現在の各国の課題は、それぞれの法治領域内で独自に生成・発展してきた企業会計制度との整合性を考慮しながら、このIFRSをどのように導入するのか、ということに置かれている。

（b）会計基準の設定理論の変遷

　会計基準の設定は、その生成の経緯から、主に２つのアプローチによって行われてきた。ひとつは、「帰納的アプローチ」と呼ばれるもので、個々の具体的な事実から一般的な命題や法則を導き出す方法である。もうひとつは、「演繹的アプローチ」と呼ばれるもので、公理等の普遍的命題から論理規則に基づいて個別的命題である定理を導き出す方法である。

　歴史的には、会計ルールが会計原則と呼ばれていた時代には、設定された会計原則が外部監査の判断の拠り所として機能するよう、その論理性を担保することを目的として企業会計の設定理論の構造を「演繹的アプローチ」から規定しようとする理論（セオリー）が多く登場した。

　しかし、ビジネスを巡る環境が大きく変化し、会計ルールに期待される機能が著しく拡張しはじめた1970年半ば頃から、会計原則ではなく、経済的な影響をも織り込んで設定される会計基準という形態へと大きく変容したことを受け、会計基準を支える設定理論を規定するための「演繹的アプローチ」にも大きな変化が現れた。この「演繹的アプローチ」の理論（セオリー）こそが、今、多くの基準設定主体にとり入れられている「概念フレームワーク論」である。

　会計基準は、設定主体によって、個々のテーマごとに設定され公表される

が、その設定の仕組みが、個々のプロジェクトメンバーを中心とする設定活動に基づいているため、基準設定主体として体系的で首尾一貫した設定視点が投影され難いものであった。そこで、その基準設定主体から公表される会計基準の基底に存在する基礎的概念を、「概念フレームワーク」という形で基準設定主体自身が規定し、これを基準設定にかかる判断の目安とするという方法が採られたのである。こうした背景から、「概念フレークワーク」は、普遍的な理論体系を表すものではなく、基準設定主体のポリシー・ステートメントであることがわかる。

（c）三層構造の設定理論：演繹的アプローチによる設定理論①

　会計原則の時代において提示された設定理論は数多くあるが、今日でも、次のように、設定理論の構造を、下部構造の会計公準、中間構造の会計の原則、上部構造の会計手続き、という三層から成るものと捉える演繹アプローチによる理論（セオリー）については、緩やかな合意がなされている。

　すなわち、これは、図表4－1に示されるように、会計手続きとして減価償却の会計処理が定額法・定率法等のように具体的に行えるのは、その前提として費用配分の原則が会計の原則として存在するからであり、さらにその費用配分の原則が成り立つのは、その基礎に継続企業の公準が存在し、会計期間という概念が措定し得るからである、という捉え方で会計基準の設定構造を考えるのである。以下では、下部構造の会計公準と中間構造の会計の原則についての説明を行うこととする。上部構造の手続きについては、次講以降の各項目で学習するため、ここでは説明を付さない。

【下部構造：会計公準】

　下部構造に位置付けられる会計公準は、企業会計の基礎的前提・基礎概念となるものである。会計公準は、会計公準論という研究領域が形成される程、かつて盛んに研究されていた時期がある。そのため、多くの理論が存在するが、いずれの論者にも共通するのは、概ね次の3つである。

図表4－1　企業会計の理論の構造

上部構造　会計手続き　企業会計の具体的な会計処理

　　例　減価償却の定額法・定率法

中間構造　会計の原則　企業会計の一般的行為規範、行為基準

　　例　費用配分の原則

下部構造　会計公準　企業会計の基礎的前提・基礎概念

　　例　継続企業の公準（ゴーイングコンサーンの公準）

① 企業実体の公準

　企業実体の公準とは、会計の行われる場、すなわち会計単位に関わるものであり、「描写」の範囲を示すものである。この公準で、会計単位概念を措定することによりはじめて認識・測定等の具体的な会計行為を行うことが可能となる。

　会計単位となりうる実体は、通常、法人格を付与された法人であると考えられることが多い。しかし、実際には、企業グループ等のように、資本関係その他の関係を持つ複数企業間で、密接な経済関係が形成されている場合も少なくない。そこで、今日では、こうした関係を有する集団等は経済的実体とみて、会計単位と捉えられることになる。

　なお、企業内部で会計情報が利用される場合このような企業実体の概念に加え、プロジェクト、責任実体などの概念も含まれることになる。

② 貨幣測定の公準

　貨幣評価の公準とは、認識および測定という基本行為において貨幣数値が尺度として用いられることを示すものである。これは、貨幣数値でビジネス活動を「描写」することでもある。

　ビジネス活動では、様々な経済資源が生産・消費されるが、これらの度量衡に関しては、必ずしも同一の尺度が用いられているわけではない。したがっ

て、それらの異なる経済資源を、同一の尺度により数値化し比較考量する必要が生じる。その尺度として用いられるのが、ここで述べられる貨幣数値というわけである。

　ところで、ビジネス活動を貨幣数値で捉える際には、通常は「価格」という概念を利用する。「価格」は、市場機構における財・サービスの需給によって決定されるが、その過程で、生産、分配、消費等の様々な要素を調整する機能がある。これは、様々な経済活動の結果が、「価格」という貨幣数値を尺度・指標として決定されるためである。そういう意味では、「価格」という数値は、本来、特定時点における「市場の集約情報」を客観的に表すものといえるだろう。

　これに対し、同様に「価格」を利用する企業会計では、認識・測定・評価・記録という人為性が貨幣数値に関わることになる。そのため、ある特定の取引をいつの時点で認識し、測定においてどの「価格」を用いるのか、さらにはどのように報告するのか等が、専ら、その会計処理を行う主体に委ねられることになる。その点で、会計数値に表現される価額については、市場において付与される「価格」が本来有している客観性を、必ずしも期待し得ないと考えざるを得ないことになる。

　さらに、もうひとつ注意すべき事項は、貨幣数値として表現し得ないもの、把握できない経済事象は、「描写」対象から外れることである。財務報告において、様々な定性的情報や注記等の会計数値以外の情報が開示されていることはこうした限界を補うものである。

③ 継続企業の公準

　継続企業の公準とは、会計計算を行う時間的な範囲を確定するものであり、「描写」の期間を限定するものである。継続企業（ゴーイングコンサーン）という仮定に基づけば、現代企業は、ビジネス活動を反復・継続して営む存在と捉えられる。したがって、その活動を「描写」する場合、時間軸上で、何らかの人為的な区切りを設けて、特定の時点あるいは期間における姿を表現する必要がある。つまり、この公準によって会計期間が設定されることで、一定期間に

行われたビジネス活動の顛末と、財政状態、経営成績、期間損益、その他を表すことができるのである。

　こうした会計期間の概念には、外部報告の場合、中間決算、四半期決算等の決算期間があり、また、内部報告の場合には、予算期間、設備投資計画期間等がある。

【中間構造：会計の原則】

　設定理論の中間構造を成す会計の原則に関しては、これを、会計ルールそのものと捉える場合と、根底に存在するドクトリンとして捉える場合があり、論者によって様々である。

　ここでは、後者の立場から、幾つかの重要な原則をピックアップして示す。

　なお、費用配分の原則等は、典型例であるが、これまでに説明しているので説明は省略する。

①真実性の原則

　この原則は、企業会計において用いられる「真実」という概念について規定するものである。

　既に述べてきたように、会計数値は、本質的に、自然科学の観察で用いられる測定値等のように「硬い」数値であるわけではない。それは、会計の基本行為を通じて、人為性が介入するためである。

　例えば、記録という一時点の行為を通じて、会計帳簿や帳票、さらには財務諸表に表現された会計数値は、本質的には、日々生起し続ける連続した事象や価値形成の過程から記録時点で切り離されたデータである。

　また、会計処理に複数の代替案が認められている場合、そのいずれを選ぶかにより、実像は何ら異なるところが無いにも関わらず、会計数値上は異なって表示される。

　したがって、このような性質を有する会計数値を用いて表示される期間損益その他に関するビジネス活動の姿、顛末は、本質的に、絶対的な真実を表示し得ないことになる。それでは、企業会計上の真実とはどのような概念であろう

か。これについては、相対的真実性という概念が説明される。

　会計ルールには、通常、基準設定主体の持つ固有の会計目的観が投影される。会計情報における会計数値は、会計ルールの適用を通じて算定されるため、会計情報の数値は、こうした会計目的に従ったものとなる。

　これを前提とすれば、企業会計上の会計数値が表す真実性とは、会計情報に「描写された姿」が、基準に投影された会計目的を満たすという点で真実となる。会計目的が、その時代のステークホルダーの情報ニーズその他、社会的なコンテクストから形成されることを考え合わせると、この原則の真実性は正にそうしたコンテクストにおける相対的な概念を表すことになるだろう。

②正規の簿記の原則

　もともとは、ドイツの規定に由来するとされるこの原則は、正規の帳簿記録を要求する原則である。

　企業が作成する会計情報には、財政状態を表す貸借対照表、経営成績を表す損益計算書をはじめ様々な情報が含まれている。これらはすべて、帳簿記録を通じて企業内に蓄積したデータに基づいて作成されるものである。それゆえ、これらのデータは、日常の記帳活動の段階から、組織的・継続的に、かつ網羅的・秩序的に、検証可能な形で記録されなければならない。

　こうした記帳活動を支えるものであれば、帳簿は複式簿記に限定されることはないが、今日では企業会計の体系的な記録計算を行う記帳技術として複式簿記が採用されていることは、第2講において、既に述べた通りである。

③資本と利益の区分の原則

　この原則は、出資（元手）と成果（果実）を明確に分けることを求める原則である。

　企業の財産的な基礎は、出資者の出資によって成り立っている。企業は、出資された資金を元手として、ビジネス活動を行うが、その際、損益に関わる活動を行い、それを「損益取引」と捉えて記録を行う。

　複式簿記を基本とする企業会計においては、その「損益取引」の結果は、①資産および負債というストックの勘定に関わる増減を伴い、その差額としての

正味の純資産の増減記録に反映され、他方で、②フローの勘定の変動を通じて損益会計の領域における期間損益に反映される。しかしながら、純資産勘定には、直接反映されないため、この純資産の勘定を処理する場合には、この原則に基づいて、正しく両者を区分しなければならない。

　具体的には、資本取引は、資本金および資本剰余金として記録され、「損益取引」の成果は、稼得資本の会計を通じて基本的には利益剰余金として記録されることになる。したがって、財務諸表に表示する場合も含めて、この原則に基づいて、これらを明確に峻別することが求められるのである。

④明瞭性の原則

　この原則は、企業が作成する会計情報において、ビジネスに活動の顛末に関わる、財政状態、経営成績、期間損益、その他情報を、明瞭に表すことを要求する原則である。

　会計ルールにしたがって作成される会計情報は、基本的にはステークホルダーの情報ニーズを満たすものでなければならない。作成する側が正しく作成したつもりであっても、利用する側が十分にその情報内容を把握・識別・理解できなければ、利用者が適正な判断に資する材料が得られない。これでは、会計情報の非対称をはじめとした問題の解消は期待し得ないことになる。

　そこで、財務諸表の様式、項目、配列、区分等を用いて、会計情報に含まれるコンテンツを明示し、作成者の意図と利用者の理解とを、適切に橋渡しすることを重要視するのである。

⑤継続性の原則

　企業会計においては、ひとつの事象に対して適用し得る会計代替案が複数用意されている場合がある。こうした手続きは、長期的な視点でみると相対的な損益計算には影響を与えないものの、短期的な視点においては、影響を与える場合がある。

　例えば、減価償却等において定額法を用いる場合と定率法を用いる場合とでは、償却の手続きを通じて各期の費用に配分される額のパターンは異なるため、期間損益には、その影響が生じることになるが、その減価償却を行なった

総期間の費用額を合計すると、総額自体はどちらの場合でも変わらない。

　こうした違いを、企業会計に認めているのは、企業のビジネス活動が慣行では多用性をもって行われることへの配慮であるが、その場合には、複数期に渡る処理を首尾一貫して行うことが担保される必要がある。そうでなければ、全体的な視点からの損益に対する整合性が損なわれてしまうばかりか、企業には、過度の期間損益操作の機会を与えることになり、また、ステークホルダーには、経営成績に関する期間比較を行い得る正しい情報が提供出来ないことになる。

　そこで、この原則では、一度採用した会計処理方法（代替処理）を、首尾一貫して継続的に利用すること、および、会計処理方法を変更する場合は一定の場合（正当な理由がある場合）に限定することを求めているのである。

⑥保守主義の原則

　この原則は、他の原則と若干視点を異にする。それは、古くから実務に根ざしてきた損益会計に関わる慣習的な会計処理を企業に要請する原則であるからである。

　イギリスの会計実務では、収益の見積り計上を排し、費用の見積り計上を可とする思考が存在していた。それが、今日に至るまで残されているのは、マクロ経済環境には、様々なビジネス・リスクが存在し、企業の財務上、そうしたリスクに対応し得る余地を残すためである。それゆえ、企業財務面に対する安全性の原則とも呼ばれている。

　しかしながら、いくらこのように保守的な経理が認められているからといって、過度にこの原則を適用することで、純資産額や期間損益の過少表示を招くことになる。近年では、実証分析からこの保守主義による経理がステークホルダー等に及ぼす影響が多く研究されており、そうした知見の蓄積からも、この原則の意義は問われている。こうした背景から、少なくとも、この原則は、ビジネス活動に潜む様々なダウンサイド・リスクに対する財務余力を保持するという目的の範囲内に限り適用し得るものであることがわかる。

⑦単一性の原則

　今日の企業は、そのビジネス活動の社会的なプレゼンスの高さから、さまざまなルールのもとで会計情報を公表する必要に迫られている。これらには、会社法会計、金融商品取引法会計、法人税法会計といった制度会計をはじめ、証券取引所の自主ルールである決算短信等々が存在する。

　これらは、それぞれ異なる目的を持っているため、要求される報告内容にもそれぞれ違いが存在している。しかしながら、それぞれに記載される会計情報の内容は、フォーマットは異なっていても、同一の会計帳簿にデータベース化された、同一の内容に基づくものでなくてはならない。そのため、この原則では、報告の内容は様式が変わっても、同一であることを求めているのである。

⑧重要性の原則

　これは、会計情報に含まれる内容に関する原則であり、重要性の低いものは含めなくて良いとするものである。

　ステークホルダーに対する会計情報の開示は、その後の経済的意思決定の判断材料となることを通じて、企業の財務にもマクロ経済に対しても大きな影響を及ぼす。そのため、そこで開示される情報内容は、詳細である必要があるが、過度に詳細であると情報の本質をコンパクトに要領よく伝達できない可能性も生じ得る。

　そこで、この原則では、正規の簿記の原則が適用される場合であっても、会計情報のうち、金額および項目について重要性が低いものについては、網羅性の埒外に置くことができる（簿外処理を認める）とするのである。

（d）概念フレームワーク：演繹的アプローチによる設定理論②

　「概念フレームワーク」は、演繹的アプローチによる会計基準の設定理論のひとつとして考案された基準設定主体の理論（セオリー）である。したがって、会計公準のように会計の全体に共通する基底を説明し得る次元のものではなく、あくまでも、会計基準のGAAPとしての存在理由を支える設定理論の体系であり、それを基準設定主体の立場から表現したポリシー・ステートメン

トである。

　以下では、「概念フレームワーク」という概念を最初に提示した、合衆国の財務会計基準審議会（FASB）の一連の概念フレームワークについて、その種類と、そこで措定される会計情報の質的特性の概要を示す。

【概念フレームワークの種類とFASBの基準設定ポリシー】

　FASBが公表した「概念フレームワーク」は、次の通りである（図表4-2）。

　FASBは、1973年に設置されたプライベート・セクター型の基準設定主体である。かつてアメリカ公認会計士協会（AICPA）内に設置された、この前身機関の、会計原則審議会（APB）は、その活動を通じて31のオピニオンと4つのステートメントを生み出したが、同時にStormy 60'sと呼ばれる会計実務上の混乱をもたらし、結局、その体制は終焉を迎えていた。

　このような背景から、FASBは、基準設定主体としての①基準設定力（財務報告のルールと監査の拠り所、2つの役割を果たす会計基準を、首尾一貫した理論体系に基づき設定する能力）と、②自主規制力とを、設置当初より示す必要があった。その「解」として、FASBが登場させたのが、会計ルールを、個々の論点を具体的に規制する会計基準と、基準設定のポリシーを表す「概念フレームワーク」という2つのレベルで設定する方式である。

　「概念フレームワーク」には、図表4-2に示される各事項に関するFASBのポリシーが示されている。

　まず、「財務諸表の目的」にはFASBの「会計目的観」が、「会計情報の質的特性」には、FASBの措定する会計情報の「質」が表され、個々の基準にこれらを投影する際の基準が示されている。

　また、「認識および測定」という具体的な会計行為を共通化することで、それら行為を通じて計算体系に組み込まれる会計数値の均質性を確保している。さらに、変動し続けるビジネス環境とそこでの企業のビジネス活動を、収益費用の認識・測定基準に左右されずに、企業価値の視点から会計情報として表現し得るよう「財務諸表の構成要素」で簿記会計の5要素を「資産負債アプロー

図表4－2　ＦＡＳＢの公表した概念フレームワーク

1978年11月 第1号	営利企業の財務報告の基本目的　　　　　　　　(Superseded)
	Objectives of Financial Reporting by Business Enterprises
1980年 5月 第2号	会計情報の質的特徴　　　　　　　　　　　　(Superseded)
	Qualitative Characteristics of Accounting Information
1980年12月 第3号	財務諸表の構成要素　　　　　　　　　　　　(Superseded)
	Elements of Financial Statements of Business Enterprises
1980年12月 第4号	非営利組織体の財務報告の基本目的
	Objectives of Financial Reporting by Nonbusiness Organizations
1984年12月 第5号	営利企業の財務諸表における認識と測定
	Recognition and Measurement in Financial Statements of Business Enterprises
1985年12月 第6号	財務諸表の構成要素
	Elements of Financial Statements—a replacement of FASB Concepts Statement No. 3(incorporating an amendment of FASB Concepts Statement No. 2)
2000年 2月 第7号	会計測定におけるキャッシュフロー情報および現在価値の活用
	Using Cash Flow Information and Present Value in Accounting Measurements
2010年 9月 第8号	財務報告のための概念フレームワーク
	Conceptual Framework for Financial Reporting—Chapter 1、The Objective of General Purpose Financial Reporting、and Chapter 3、Qualitative Characteristics of Useful Financial Information (a replacement of FASB Concepts Statements No. 1 and No. 2)

> ※ Amendments to Statement of Financial Accounting Concepts No. 8—Conceptual Framework for Financial Reporting—Chapter 3、Qualitative Characteristics of Useful Financial Information(Issue Date 08/18)
> ※ Conceptual Framework for Financial Reporting—Chapter 8、Notes to Financial Statements (Issue Date 08/18)

チ」の視点から定義している。

　これらに加え、企業価値を算定する際に多く利用されるキャッシュフロー情報と割引現在価値について規定し、上記の測定行為に対する時間価値の関わらせ方を明示している。

　FASBがこれまでに公表した会計基準と、「概念フレームワーク」は多岐に

わたる。また、後述のように会計のグローバル化問題も存在する。そこでFASBは、これらを整理・再構成するAccounting Standards Codificationにも着手している。

【会計情報の「質」に対するFASBのポリシー】

　会計情報の「質」は、作成者と利用者の需給行動を左右するため、マクロ経済的視点においては、その調整過程と均衡点に影響を及ぼすファクターである。会計基準の処理方法を用いて作成される会計情報の表現力が不十分であれば、これを作成する経営者にとっては、一種の制約要件となり、経営者の顛末報告の説明力が大きく低下することになる。また、ステークホルダーにとっては、得られるべき情報が適切に得られないことで、経済的意思決定の方向性が大きく変わる可能性がある。

　経済社会は、常に可変的な存在である。その意味で、会計情報の「質」を定義することは、こうした経済環境の変容を会計基準に織り込んで、表現力の高い会計情報を、社会で共有するためには必須の要件である。

　FASBのポリシーで会計情報の「質」を決定する概念は、「意思決定有用性」を上位概念とし、その下にそれを支える副次的な概念を措定する、いわゆるツリー構造によって定義されている。

　意思決定有用性を支えるのは、「レリバンス（目的適合性、価値関連性）」と、「表現の忠実性」の2つの副次的な概念である。

　「レリバンス」は、企業が作成する会計情報に、ステークホルダーが行う経済的意思決定に関連する内容を適切に示すことで「質」の高さを規定しようとする視点である。意思決定への関連性は、予測価値や確証価値を持たせ、ステークホルダーの判断に重要性のある情報を開示することで得られる、とFASBは定義している。

　「表現の忠実性」は、かつては信頼性と呼ばれていた概念を、IASBとの共同プロジェクトを通じて見直し、内容も含め、あらたに定義したものである。これは、ビジネス活動を忠実に表現することで会計情報の「質」を高めステークホルダーにとっての有用性を規定しようとする視点であり、「完全性」や

「中立性」、「無誤差性」等の概念によって支えられるものである。

　以上の2つの副次的概念に加え、「比較可能性」、「検証可能性」、「適時性」、「理解可能性」という、会計情報の有用性を高める4つの概念が示されている。

（e）会計選択の担い手：基準設定主体

　会計基準は、基準設定主体と呼ばれる機関が担っている。

　この基準設定主体には、大まかに、次の2つのタイプがある。パブリック・セクター型とプライベート・セクター型である。それぞれのタイプの内容および特徴は次の通りである。

【パブリック・セクター型】

　国の証券監督機関等が基準設定の権限を持ち、審議に関しては公的部門に属する基準設定主体において行うタイプである。パブリックである分、議題設定を政策にリンクさせ易いというメリットがある反面、委員が非常勤（少数）のため機動性に欠けるというデメリットも生じる場合が多い。

　このタイプの基準設定主体の例としては、会計ビッグ・バン以前の日本の企業会計審議会がある。

【プライベート・セクター型】

　国の証券監督機関等が基準設定の権限を、一定条件の下で、民間にある基準設定主体に委譲するタイプである。委員が専任（多数）であるため機動性があるというメリットが存する反面、資金提供者が存在するため、その資金提供者の意向等に従う可能性が高い等のデメリットから、中立性の確保が課題となる場合が多い。このタイプの例としては、FASB、IASB、そして現在の日本の基準設定を担っている企業会計基準委員会（ASBJ）等がある。

　基準設定方法（設定プロセス）にも、主に2つの方式が存在する。次の閉鎖型（クローズド型）と開放型（オープン型）である。

　どちらの場合も基準設定プロセスは、概ね、①議題の設定、②論点整理、③

審議・検討、④草案の作成、⑤再審議、⑥確定案の作成、⑦承認というサイクルで行われるが、プロセスの解放度合いによって、関係する経済主体の利害調整の様相が異なる。

【閉鎖型（クローズド型）の基準設定プロセス】

この方法では、議題の設定は政策に関わるものが主体であり、諮問という方式によって与えられることが多い。審議過程も議事録も、ともに非公表の場合が多いことも特徴である。会計基準の草案については、公開されないか、特定の機関にのみ送付されることになる。確定（案）については、諮問に対する答申等の形で行われることになる。

このタイプの設定プロセスを採用する基準設定主体としては、いわゆる会計ビッグ・バン以前の日本の企業会計審議会がある。

【開放型（オープン型）の基準設定プロセス】

この方法では、議題の設定を広く募集し、審議過程には誰でもコメント・レターにより参加が可能である。議事録等は広く公開され、基準の草案等は広く公開しコメント・レターによる意見を広く募集する。したがって、この過程を通じて、広範な利害調整が行われる仕組みとなっている。

このタイプの設定プロセスは、最初にFASBの「デュー・プロセス」で採用され、その後IASBやASBJ等にも導入されている。

もっとも、何を基準にパブリックとプライベートを分けるかは論者によって異なるため、その意味では、分類上の議論の余地は存在するが、設立の経緯、活動資金の供給源泉、さらには、議題の提案方法等によって、これらのどちらかに分類する場合が多い。

特に設立・設置の経緯は、後述の制度会計と関係性等、その国の立法事情（法治領域内）や会計専門職の発展状況、その他の要因によって、社会的な位置づけや、基準設定の権限に対する法的な裏付け等は大きく異なる。

　合衆国の場合、1930年代に設置された証券取引委員会（SEC）が、監査等を行う会計プロフェッション自身にその設定権限を委ねるシステムを築いたため、プライベート・セクター型の基準設定方式が公式に行われるようになった。しかし、これは専門職としての会計プロフェッションが発達していることが前提であった。

　一方、日本の場合、戦後パブリックセクター型の企業会計審議会による基準設定方式が整備された。これは、①株式払込分割制度による資本金の未払込部分（未払込株金）が終戦時に多く存在した、②戦後に財閥が解体された、という2つの要因から、企業の資本を充実化する必要性が認識され、証券市場を通じた資金調達が重要な課題とされたことに起因する。

　つまり、企業会計原則の整備と公認会計士制度の導入を同時に行うことで、証券投資の視点からみて、戦前とは性質の全く異なる証券市場全体の信頼性を高める狙いが存在していたのである。

　このパブリックセクター方式による企業会計審議会は、基準設定を通じての利害調整は必ずしも期待し得なかったが、トップ・ダウン型の利点を生かし、日本の復興から高度成長、低成長期を経てバブル崩壊に至るまでの間、日本の経済政策にリンクした会計基準設定活動を効率よく展開してきた。

　しかしながら、バブル経済崩壊後の日本企業は、様々な要因によって長期的低迷に置かれた。そこで、日本政府は、行財政改革を行うに際し、先行的にイギリスで行われた証券市場改革（ビッグ・バン）に倣い、日本版ビッグ・バンという証券市場の改革を主導し、その一環として会計制度の改革（会計ビッグ・バン）にも着手した。この一連の改革の時期は、ちょうど会計のグローバル化が大きく展開した時期でもあったため、会計ビッグ・バンはグローバル化を織り込んで行われた。こうした背景と産業界等からの要望を受け、この改革に合わせ、基準設定主体と基準設定プロセスも再編成された。現在では、ASBJがプライベートセクターとして会計基準の設定を担っている。

図表4－3　会計情報の作成・利用に関わる3つの選択行動

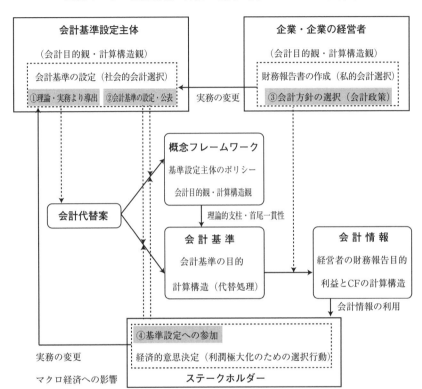

（f）　会計情報の作成と利用に関わる3つの選択行動

　会計情報の需給調整は、作成された会計情報に基づいて、利用者であるステークホルダーの経済的意思決定に関わる行動が選択され、それが、会計実務や会計理論に対する変更等をもたらすという、フィードバック構造において行われている。これを示したのが、図表4－3である。

　図表4－3に示されるように、会計情報は作成者側の2つの「会計選択」を通じて作成され、作成後は会計情報の利用者側の選択行動の判断材料とされマクロ経済に影響を与える。したがって、会計情報の作成と利用に関わる経済主

体の選択行動は少なくとも3種類存在することになる。

　「第一の選択行動」は、基準設定主体の会計基準設定であり、社会的な会計選択と呼ばれている。ここでは、基準設定主体が、既に確立された会計理論や実務慣行に基づき基準設定のための会計代替案を抽出し（図表4-3の①）、その代替案から特定の会計処理を選択して会計基準や「概念フレームワーク」を設定・公表する（同図表4-3の②）。

　具体的には、個別の会計基準や「概念フレームワーク」に関する事項、例えば、「資産負債アプローチ」や「収益費用アプローチ」等の「会計観」、資産および負債の属性、会計基準のタイプ、様々な会計処理等、利用可能なものが抽出され、そのなかから会計基準に採用される特定の代替案が選択される。

　重要なのは、このプロセスを通じて規定される「概念フレームワーク」の基準設定ポリシーと、会計基準の「質」である。「概念フレームワーク」は会計基準設定の理論的支柱であり、会計基準は次の会計選択を企業が行う際の所与の要件となり、場合によっては制約を与えるからである。

　会計基準の「質」に関しては、同図表に示されるように、会計代替案の源泉たる会計理論や実務慣行の状況、基準設定方法、これらを選択する基準設定主体の性質（社会的位置付け）と基準設定ポリシーに依存することになる。

　例えば、権威ある機関より会計基準の設定権限についての委譲を受けた合衆国型のプライベート・セクター型の基準設定主体が基準設定を行う場合、会計目的が広範なステークホルダーから提案され易くなるが、かつての日本の企業会計審議会のようにパブリック・セクター型の基準設定主体の場合、トップ・ダウン型の会計目的が強制的に提示される可能性が強い。

　会計基準設定主体が採用する基準設定プロセスについては、利害関係者が広く参加し得るオープン型基準設定プロセスを採る場合、広範なステークホルダー間で利害調整が展開され（例えば、図表4-3の④により基準設定にコメントレター等を通じ参加する）、参加者を限るクローズド型の基準設定プロセスの場合、利害調整自体が基準設定の段階では十分に行われない可能性も高い。

　こうした構造から、基準設定主体の基準設定活動には、関係する経済主体の

ロビイング等、政治性が介入することがある。政治性の介入は、基準設定プロセスのタイプにより異なるが、それぞれの仕組みに応じ任意の段階で生じる。FASBの場合のように、議題の設定の段階での政治性が介入するケースもある。

いずれにせよ、基準設定主体はこうした様々な要因を考慮して、自身の基準設定戦略（行動）を選択することになる。そして、これがマクロ経済レベルの社会的な厚生を規定することに繋がるのである。

「第二の選択行動」は、企業・経営者による会計方針の選択であり、私的会計選択と呼ばれている。

企業・経営者は、会計基準に規定された所与の要件たる代替的会計処理（認められた会計処理）から、特定の会計処理方法を会計方針として選択し、会計情報を作成する。この際、企業・経営者の採り得る選択肢は2つある。

ひとつは、特定の会計方針を選び出す際に「利益マネジメント」等の機会主義的行動を採る可能性である。この場合、期間損益の情報は、利益捻出型、利益平準型、および利益圧縮型の3つのパターンによってコントロールされる。

特定時点に将来負担すべき多額の費用を計上し、次期以降の期間損益を多めに表現しようとする「ビッグ・バス」は、こうした行動のひとつである。

もうひとつは、会計基準の経済的インパクトの大きさを考慮し、実際の経済活動を変更する等、いわゆる「実質的会計政策」を採る可能性である。

いずれにせよ、企業・経営者の会計選択は会計情報の「質」を規定する役割を果たす。したがって、基準設定主体は、こうした企業・経営者の選択行動をも織り込み、概念フレームワークの会計観、基準設定ポリシーや、個々の会計基準の「契約支援機能」、「意思決定支援機能」を規定することになる。

「第三の選択行動」は、会計情報の利用者による経済的意思決定に関わる行動の選択である。この選択行動には2つの視点が存在する。

ひとつは、ステークホルダー間の利害調整に関わる行動である。ステークホルダーは、それぞれが個々の契約内容に基づき、企業との間に利害関係を有するため、利害を極大化するために会計情報を利用する。その関心は、主に、経

営者の受託責任に関する遂行状況に関する情報と、企業価値の維持を確定した後であっても配当可能な期間損益に関する情報にある。利害関係を線引きするこれら情報に基づいて、個々のステークホルダーは、経済的意思決定に関わる行動を決定し、それが実務の変化を生じさせ、またマクロ経済のパラメータを変動させることになる。

もうひとつは、投資者の投資意思決定に関わる行動の選択である。投資家は、新規の投資や保有資産の転売に役立ち得る情報を必要とする。その関心は、主に、市場価値が本来の価値よりも割安・割高に評価される投資対象を発見することにあるため、その発見に役立ち得る情報や、将来の投資収益率のリスク水準の推計に役立つ情報に基づいて投資行動を決定する。こうした行動は、マクロ経済上、投資市場における様々なパラメータの変動として現れる。

いずれにせよ、会計情報がステークホルダーの行動に与えるこうした影響は、会計理論にも実証分析等を通じてフィードバックすることになる。

（g）基準設定を巡るグローバルな覇権争い

企業会計制度は、本質的には、法治領域内で形成された企業会計のルールである。特に制度会計は、法治国家システムの下で、国が制定する法律を基礎とするため、従来は、国ごとの事情を織り込んだ多様な企業会計制度が形成されてきた。

しかし、近年、通信技術の進歩に伴って、企業活動や投資活動が、グローバルなアクセス環境を前提とする形へと変貌してきた。そのため、会計基準が国ごとに異なることで様々な問題が生じるようになった。

今日的な例を用いて説明すれば、次のようになる。例えば、インターネットのような通信環境を利用して国際的な投資活動を行う際、グローバルな視点から、いつどこからでも、同一の投資者の視点から、投資対象を選別・選択し投資し得るようになる。しかし、投資に際して、判断材料を会計情報に求める場合、国ごとに会計基準が異なれば、財務諸表の数値の比較には支障が生じかねない。

　そこで、グローバルな会計基準を設定することへのニーズと機運が高まり、国連やOECD、各国の基準設定主体等、様々な機関が、この問題に取り組むようになり、グローバルな覇権をかけて争うようになった。

　実は、こうした問題に先駆けて、古くから、貿易や為替等、国際間の問題は存在していた。実際、会計士の間では監査の実務その他を行う場合について認識されていたのである。そのため、上記のグローバル化の動きよりもかなり早い段階で、イギリスの会計士を中心に、国際会議が開催され、また、IASBの前身機関である国際会計基準委員会（IASC）によって会計基準の設定が試行されていた。しかしながら、統一化や調和化といった潮流のなかで生じた会計基準は、比較可能性その他の点において会計情報に「質」を担保することが十分に出来ず、実用性の点で十分な支持を集めることができなかったのである。

　情勢が展開したのは、1990年代に入り、IASCがコア・スタンダードの整備を条件に国際証券監督者機構（IOSCO）から承認を受けてからのことである（完成は2000年）。IOSCOは各国の証券監督機関の代表者からなる機関であるため、これは、グローバルな会計基準の設定権限を公的に承認されることを意味した。IASCは2001年にIASBに全面的に改組され、それ以降、この会計基準は国際財務報告基準（IFRS）と呼ばれるようになっている。

　IASBのグローバル化の動きに対してFASBは当初、協調的ではなかったが、その後は、EUという巨大な経済圏の動向にとり込まれるようになり、また、エンロン事件をはじめとする不正会計事件で信頼を大きく損なったFASBとのパワー・バランスの変化も背景として、合衆国も「コンバージェンス」に積極的に参加するよう姿勢を変化させた。IASBとFASBの共同プロジェクトが展開したのはこの時期である。

　その後、この共同プロジェクトは解消されているが、その間に概念フレームワーク等のコンバージェンスは相当な程度で進められていた。現在は、IFRSをどのように受入れるのかという視点から、「アドプション」という考え方も視野に入れつつ、各国が模索する日々が続いている。

第3節　会計ルールにおける計算思考

（a）会計思考と描写された姿

　会計基準は、一定の会計思考に基づいて、企業が実際に行った多様なビジネス活動を、要約情報として会計数値に描写させる目的で設定される。したがって、会計基準を定める際に根拠とする会計思考は重要である。

　いつ、どのような事象を認識するのか、いくらでその事象を測定するのか、あるいはいくらでその事象を評価するのか、その取引にいくらの金額を配分するのか、あるいはどのように報告するのか、期間損益計算をどのようなアプローチで行うのか、等々といった会計基準設定上の課題は、その時の会計思考によって大いに影響を受ける。それは、会計思考がビジネス活動の「描写された姿」というものを措定するからである。

　この「描写された姿」は、現在の会計基準に基づく場合、基本的には、複式簿記を通じて作成される財務諸表を用いて表現されることになる。そのため、会計思考では、基本的に、財務諸表の構成要素、各財務諸表の関係等をどのように捉えるかということに焦点が置かれる。

（b）期間損益計算に対するアプローチ

　期間利益計算は、会計基準における計算の基盤として位置付けられている。

　今日の会計基準では、複式簿記を記帳技術として選択しているので、期間損益計算も、財務諸表を構成する5要素に存する2つの勘定系統に応じ、フロー・ベースの勘定データの変動に基づく期間損益計算と、ストック・ベースの勘定データの変動に基づく期間損益計算の、2つの領域においてそれぞれ行われ、それらからアウトプットされる期間損益が、原則的に「一致する」という仕組みによって表現されている。

　しかしながら、この5要素それぞれの内容（定義・分類等）と認識・測定をはじめとする会計の基本行為は、記帳技術としての複式簿記の段階（第2講で

いうフェイズ2）では、何ら決められていないため、会計基準として特定の「描写された姿」を措定する場合には、この5要素の定義・分類と様々な会計の基本行為について、2つの期間損益計算の相互関係も含めて、会計思考に基づきポリシーを定めることが必要となる。

　期間損益計算に関する会計思考は、これまでに様々なものが生み出されている。古くは静態論と動態論（ただし、静態論という名称は動態論者の命名である）という計算構造全体の描写視点に関わる会計思考があり、またフロー・ベースの期間損益計算とストック・ベースの期間損益計算をそれぞれ、損益法と財産法という視点から、両者の関係性（の有無）も含めて論じた会計思考も存在した。

　特に、損益法と財産法については日本で独自に議論が展開し、計算記録と実際有高の変動の関係性、両者の関係性（独立的であるか相互関係性があるか）等の視点から会計思考には、様々なバリエーションが存在している。

　こうした議論はあるが、実は、今日の会計基準に投影されている会計思考は、基本的にFASBが会計基準の設定において打ち出した、次の2つのポリシーからの影響が非常に大きい。

　ひとつは、経済的影響という会計思考を全面的に認める、というポリシーである。これは、FASBの成立前の1966年、アメリカ会計学会（AAA）が公表した基礎的会計理論（ASOBAT）という報告書が「意思有用性アプローチ」という新たな概念を導入し、会計ルールの設定アプローチに関する軸を大きく動かした。1973年に設置されたFASBは、この潮流に従い、さらに基準設定に経済的影響を認めるという立場を採ることで、「意思決定有用性」を会計基準に付与する方向性を打ち出したのである。

　かかる展開は、会計基準が中立なものでなければならないという、古典的考え方からの脱却を促進した。

　もうひとつが、「資産負債アプローチ」という理念的な損益計算体系を軸として会計基準を設定する、というポリシーである。この資産負債アプローチは、FASBが概念フレームワークを設定する際の議論において、1976年の討議

資料において示した視点であり、資産と負債を財務諸表の構成要素における重要な概念と位置づけ、これを軸としてそこから様々な定義づけを行なうという会計観であり、収益費用を重視してそれを軸に様々な定義を行ってきた、それまでの「収益費用アプローチ」と対比される視点である。すなわち、FASBはこの「資産負債アプローチ」を軸として、基準設定を行うことで様々な限界を打破しようと企図したのである。

このように、経済的影響を前提とした意思決定有用性の重視、「資産負債アプローチ」の採用、という2つのポリシーを軸に据え、FASBの基準設定は行われるようになった。このポリティカルな会計思考が、国際化その他の動きを通じてグローバルに伝播したため、今日の会計基準の期間損益計算の枠組みを規定するようになってきたのである。

今日の日本でも、この点は同様であり、グローバル化等様々な背景から、結局は、こうしたFASBの基準設定に関する会計思考から大きな影響を受けるに至っている。

（c）キャッシュフロー情報のニーズ

会計基準では、長い間、企業のビジネス活動を「発生主義会計」という期間損益計算の体系によって捉え、描写してきた。発生主義会計は、①複式簿記の記録技術を用いながら、②5つの要素をビジネス活動における過去、現在、将来の収入額および支出額で測定（収入支出額基準・測定対価主義）することを基本とし、さらに、③発生費用と発生収益を用いて期間損益計算を行う会計体系のことをいう。ただし、現実の会計基準では、収益を実現基準で認識する等の工夫が行なわれてきた。

利益計算体系が、収入支出基準（測定対価主義）に基づいてきた要因については、前講において示した通り、①費用は最終的には支出によって純資産の減少をもたらす取引であり、収益は最終的に収入によって純資産の増加をもたらす取引であると、それぞれ捉えることが出来、また、②資産および負債は、取引金額たる対価が、取引時の当事者間の経済状況を集約した情報として機能し

ていた、ことにある。

　会計基準における期間損益の計算体系は、企業の大規模化に伴って多様化したステークホルダーのニーズに焦点を合わせている。個々の利害関係者は、自己の利害に関わる情報に関心を持つため、その利害を確保すべく、計算構造のアウトプットである期間損益には、2つの役割を期待する。

　ひとつは、企業の経営効率性を測る「業績尺度」としての役割である。もうひとつは、稼得資本の会計に算入されるストックの期間損益額のうち、ステークホルダー自身にどれだけリターンが与えられるか、すなわち「分配可能性」を示す役割である。

　つまり、収入支出額基準というルールが利益計算の基本に置かれることで、少なくとも、「市場での合意に基づいて確定した資源配分（とその利害均衡）情報の集約」という価格の持つ重要な機能が会計数値に規則的に投影され、それが上述した発生ベースの期間損益の2つの機能を高めていたのである。

　ところが、近年のビジネス環境の著しい変化により、企業の経営手法も様変わりし、ステークホルダーの利害関係にも影響を及ぼした。この変化によって、企業は、自らの経営活動の良否を判断するための理論的な根拠を、企業会計以外にも求める必要が生じた。そのニーズに適ったのが、1950年代以降目覚ましく進展したファイナンス理論なのである。

　この理論によれば、企業・経営者に求められるのは、キャッシュフロー・ベースによる企業価値を高める経営であり、それは、資金調達時の資本コストを上回る収益を得ることで最低限は達せられる。

　しかし、複式簿記を記帳技術として用いる発生主義会計では、次の2つの点でかかる情報が直接得られないものとなる。

　第一に、発生主義会計では、記録が行われるのは発生基準等によって認識される時点であり、それ以降、市場価値とは切り離され、計算体系に組み込まれたデータが表示され続ける。その結果、当該会計数値を用いて作成される会計情報からは、市場に連動した企業価値は、直接知り得る情報とはならない。

　第二に、収入支出基準（測定対価主義）で測定した過去や将来のデータを、

期間配分を通じ損益計算に関わらせる仕組みを採っているため、仕組み上、実際のキャッシュフローとのラグが生じ、正確なキャッシュフロー情報を会計情報から得るのが難しい。

　こうして、企業・経営者は、一方で、発生主義会計に基づいて、帳簿ベースで、期間利益に軸を置き稼得資本の分配計算を行いながら、他方で、帳簿から離れて、キャッシュフローの視点から企業価値を高めるべく、経営の舵取りを行わなければならなくなったのである。

　こうした状況を受けて、基準設定主体でも、この2つの情報ニーズを同時に満たし得る会計基準の設定が模索されるようになった。その過程で、そうした状況を補正する手段のひとつとしてキャッシュフロー計算書が導入され、さらにキャッシュフロー概念が測定数値としてもとり込まれ、公正価値による評価が拡張されたのである。

　この変化には、2つの背景が存在する。ひとつは、ファイナンス領域において開発された様々なモデルが会計の領域からも検討され、会計利益情報の有用性を織り込んだ「残余利益モデル」が開発されることで、両者の情報ニーズを満たす共通解を探求し得るようになったことである。

　いまひとつは、基準設定主体としてのFASBが会計ルールにおける期間損益計算の理念体系として「資産負債アプローチ」という視点を提示し、このアプローチに基づいて、公正価値概念をはじめとして、時間価値の変化を伴うストックの変動を描写する様々な手法を開発したことである。

　これらはいずれも、今日の会計基準設定ポリシーに反映され、多くの会計基準の会計処理に具体化されている。

（d）期間損益計算とキャッシュフロー計算書の関係

　会計基準で作成する会計情報は、基本財務諸表によって表現される。これらのなかで、キャッシュフロー計算書は他の2つの財務諸表（損益計算書、貸借対照表）とは異なり、複式簿記の記帳技術から直接計算されない。

　今日の企業のビジネス活動では、当初の取引時点において、資金の収支を伴

わない損益取引が多く存在する。例えば、掛取引のように「与信」を利用する場合には、後日の支払いを約することで、販売側には売上（収益）の発生とともに売上債権が、購入者側には仕入（費用）の発生とともに買入債務がそれぞれ認識・測定され記録される。しかしながら、資金自体の流出入（授受）は約した日が到来するまで履行されない状態となる。

　このように、発生基準に基づいて計算される期間利益では、実際の資金の収支との差異にかかる数値も、期間損益計算に含まれてしまうことになる。

　こうした期間損益は、業績尺度や分配指標として利用するには適するものの、経営上企業価値に焦点を当てる場合には必ずしも十分とは言えない。それは、企業価値をキャッシュフローの視点から捉える必要があるからである。

　企業価値の視点からは、基本的には、キャッシュフローの視点から、資本を調達する場合に生じる配当や利息等を資本コストとみて、投下運用活動と販売回収活動を通じてそれを上回るリターンを上げることをもって、企業価値の増加とみる。したがって、企業価値に焦点を当てる経営を考える場合、企業・経営者も、ステークホルダーもキャッシュフローの情報が会計情報に表現されることを期待する。

　しかし、企業では実際、複式簿記を利用し、発生主義会計によって記録・計算されるため、上記のようなキャッシュフロー情報は、直接観察できるデータとして十分には表示されない。期間損益、発生費用と発生収益によって捉える視点では、資金収支との時間的なラグがある「与信」などは差異があるまま表示され、また、発生主義会計は収入支出基準によるとはいえ、過去・将来の測定値を記録という一時点の行為を通じて採り入れるため、収支金額についても企業価値でいう完全なキャッシュフロー情報が必ずしも記録されないという問題もある。

　そこで、収益と資金流入額に生じる差異、支出と資金流出額に生じる差異、そして期間損益と資金正味増減額の差異、これらに着目し、期間損益計算によって算定された会計情報を調整計算することによって、まずは、収支ベースの流出入と正味増加額を示すことが企図されるようになったのである。

【キャッシュフロー計算書の区分と資金概念】

キャッシュフロー計算書には、①営業活動によるキャッシュフロー、②投資活動によるキャッシュフロー、③財務活動によるキャッシュフロー、という3つの区分がある。

キャッシュフロー計算書は、キャッシュの流出入の描写を行う財務諸表であるため、資金概念の範囲は描写の鍵となる概念である。ここにいう資金概念には、通貨としての現金以外にも普通預金等の要求払預金や、短期投資等による現金等価物という概念が関わっている。これをどのように定義するか、あるいは3つの区分それぞれにどのような事項を記載するかによって、それぞれの正味額の意味が大きく異なってくるのである。

まず、①の「営業活動によるキャッシュフロー」の区分では、基本的に、ビジネス活動のうち営業活動、すなわち本業に関わる収支が記載される。売上による現金収入等といった営業収入、および仕入れに対する支出や人権費等といった営業支出は、この区分に記載される。

この区分に記載されるのはこれだけではない。投資活動によるキャッシュフローおよび財務活動によるキャッシュフローという2つの区分に記載されないものはこの区分に収容されることになる。

このような事項には、災害による保険金収入等の特別損益に関わる収支、法人税等に関する支出等の純損益計算に関わる収支、利息および配当金関連の収支（配当金支払いを除く）経常損益計算に関わる収支、等がある。

次に、②の「投資活動によるキャッシュフロー」の区分では、有価証券投資、設備投資、融資、それぞれに関わるキャッシュフローが記載される。

有価証券投資は、有価証券を、市場等を通じて取得あるいは売却した場合における収入と支出が記載される。したがって、この区分に記載された有価証券、投資有価証券、子会社株式等の収支情報は、企業の証券投資ポリシーの全体像を理解するのに有用な情報となる。設備投資についても取得あるいは売却した場合の収支が記載されるので、有価証券投資と同様に捉えることが出来る。

図表4－4　キャッシュフロー計算書の基本様式

キャッシュフロー計算書

自○○年4月1日　至○○年3月31日

Ⅰ	営業活動によるキャッシュフロー	
	税金等調整前当期純利益	××
	減価償却費	××
	貸倒引当金の増加額	××
	棚卸資産の増加額	××
	・・・・・	
	小　計	
	法人税等の支払額	××
	・・・・・	
	営業活動によるキャッシュフロー	××
Ⅱ	投資活動によるキャッシュフロー	
	有形固定資産の取得による支出	××
	・・・・・	
	投資活動によるキャッシュフロー	××
Ⅲ	財務活動によるキャッシュフロー	
	社債の発行による支出	××
	・・・・・	
	財務活動によるキャシュフロー	××
Ⅳ	現金および現金同等物の増加額	××
Ⅴ	現金および現金同等物の期首残高	××
Ⅵ	現金および現金同等物の期末残高	××

　さらに、③の「財務活動のキャッシュフロー」の区分では、外部からの資金調達に関わるキャッシュフローが記載される。これには、借入れや社債等、負債によって行われる資金調達とその返済に関連する収支、および株式による資本として調達される資金や自己株式の取得に関する収支が記載される。
　このような3つの区分を用いることによって表現されるのは、企業が資金を

用いてどのような行動を選択しているのかということである。投資活動を行う際の資金をどこから得ているのか、あるいは企業のリストラクチャリングにおいて、どのような資金の変動が生じているのか等、ある特定の企業行動を支える資金を、どのように集めどのように投下し、そしてどのように回収したのかという企業行動が、「資金」という視点からダイナミックに描写できるのである。

【直接法と間接法：営業活動によるキャッシュフロー区分の表示方法】

ところで、営業活動によるキャッシュフローには、直接法および間接法という、2つの表記方法が存在する。

「直接法」とは、資金の流入額および資金流出額から一期間における正味の資金増減額を明らかにする方法である。営業活動における資金流入総額および資金流出総額は、ストック・ベースの勘定データのうち、主に、現金勘定の増加および減少の記録を調整することで理論的には求められる。

しかしながら、実際上は、フロー・データの収益額および費用額を利用して、それらと収入と支出との間に生じる差異を調整して資金流入総額および資金流出総額を求める方法が利用される。

既に述べたように、発生主義会計の下で行われる期間損益計算には、発生収益（制度上は実現収益とされている）と発生費用が記録され計算体系に組み込まれているため、資金の純増減額の姿は必ずしも表示されていない。

したがって、与信をはじめとするビジネス慣行によって生じた資金収支と費用・収益として記録されたフロー・ベースの勘定データのラグ（非資金項目）を調整する必要がある。

「間接法」では、収支額を直接表すのではなく、期間損益計算を通じて算定された損益計算書の当期純損益額を出発点として、それに必要な調整を加えることによって、一期間における正味の資金増減額を明らかにする。

以上の直接法と間接法による調整計算の関係は、図表4−5のように表せる。

つまり、実際には、直接法も間接法も、フロー側の視点で調整され、しかもそれらは表裏の関係にある。これは、営業活動において、発生による認識と資

図表4－5　期間損益計算と正味資金流出入

金収支のタイミングのズレが生じる項目が、広義の「損益取引」の際に生じることを意味する。広義としたのは、減価償却のように、有形固定資産の取得時は「交換取引」であるが、減価償却により配分されることで結局は「損益取引」として費用に算入されるものが存在するためである。

　このような調整の仕組みからみれば、キャッシュフロー計算書には、さらに2つの意義を見出すことができる。

　発生主義会計では、期間損益がストック・ベースの勘定の変動と、フロー・ベースの勘定の変動それぞれから把握されるが、これは、発生収益（実現収益）と発生費用の認識に基づくデータであり、特に費用配分の原則のように人為的

図表4－6　3つの基本財務諸表の関係

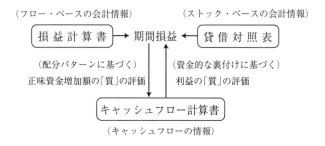

な配分パターンに基づく費用データも関わっている。

　したがって、キャッシュフロー計算書は、配分パターンとして企業・経営者が選択した会計処理が、どれだけ実際の収支に結びついているのか、ということを評価するのに役立つ。また、反対に、キャッシュフロー計算書の視点から期間損益をみると、期間損益がどれだけ資金的な裏付けを持っているか等を評価することができる。以上は、図表4-6のように示すことができる。

第4節　財　務　報　告

（a）財務報告と制度会計

　本講では、企業会計の対象と関心が、社会的な事象に移行するに伴い、構築されていった2つの社会的な仕組みに焦点を当ててきた。このうち前節までの説明によって、会計規範の形成に関わる論点はひとまず示された。

　ここでは、残るもうひとつの論点、すなわち法規範による企業会計の規制に焦点を当てる。ただし、その焦点の当て方は、法規範を主役と捉えたものではなく、近年、社会ニーズを背景に社会的なシステムとして形成されているディスクロージャーという情報開示システムの視点に立って、それを基盤として支えるひとつの領域という位置付けである。

　ディスクロージャーは、経済主体の保有する運営その他に関わる情報を開示する社会的な制度である。ディスクロージャーには、大きく分けて「一定のルールに基づいて行われるディスクロージャー」と、「自主的なレベルで行われるディスクロージャー」、という2つの種類が存在しており、それぞれに長所と短所が見られる。

　一定のルールに基づいて行われるディスクロージャーは、ルールに基づく情報であるため、信頼性が高いという利点があるが、会計情報の作成に厳密な手続きを適用することになるため、作成に一定の時間とコストがかかり、速報性は期待できない。

　一方、自主的なレベルで行われるディスクロージャーは、企業が自身の判断

に基づいて開示する情報であるため、情報の非対称の解消に繋がる動きとなり、また速報性が存在するという利点がある。しかし、一方で、必ずしも法令等に従ったものでなく、その情報内容の信頼性をチェックする手段が設けられているわけでもない。そのため、情報内容の確かさや、ボリュームは企業の情報開示ポリシーその他に依存せざるを得ない。

【ルールに基づき行われるディスクロージャー　例】
・法定されたディスクロージャー
　　会社法に法定された計算書類
　　金融商品取引法に法定された財務諸表
・公正なる会計慣行（会計基準）
　　規定なきものは公正なる慣行に従うと法定される場合、上記法定されたディスクロージャーの一部を成す。
・その他のルール
　　決算短信（取引所のルール）
　　その他

【自主的なレベルで行われるディスクロージャー　例】
・企業のホームページ（IR情報、株主情報……）
　　企業の情報戦略に依存
・CSR（Corporate Social Responsibility）報告書
　　企業の社会的責任に対する考え方に依存
・サステイナビリティ報告書
・環境報告書
・統合報告書
　　財務情報とCSR等を統合した報告書

以上の分類のうち、財務報告（財務ディスクロージャー）は、前述のように、

会計基準を中心とした会計規範の領域の発展と、会計領域に関わる法規範たる制度会計の発展によって支えられる企業の情報開示システムである。

したがって、基本的にはルールに基づき行われるディスクロージャーに属するものを主に対象とする。しかしながら、ビジネス活動を巡る環境は、今日、ますます複雑化してきており、企業との間に利害関係を持つステークホルダーの範囲も日々拡大を続けている。その意味では、財務報告の範囲は今後一層拡大する可能性があるといえよう。

（b）財務報告と制度会計

財務報告を支える法定されたディスクロージャーには、会社法と金融商品取引法の2つの種類があるが、これらは、それぞれ「法理念」の違いに基づいて、目的を異にしている。

会社法会計は、株主や債権者その他の保護を基本理念とするため、基本的に、利害関係者の利害調整に役立つ情報が作成される。

これに対し、金融商品取引法会計は、投資者の保護を基本理念とするため、基本的に、投資意思決定に有用な情報が作成される。

ところで、法規範により規制された企業会計の領域を制度会計という。制度会計は、法定ディスクロージャーに非常に類似した分類ではあるが、ディスクロージャーが、基本的に、会計情報の開示あるいは公開に焦点を当てているのに対して、制度会計は、法により企業という経済単位に強制された会計に焦点を当てている。そのため、制度会計では法人税法会計が対象として認識されるが、ディスクロージャーの視点からは、必ずしも対象となるわけではない。

【会社法会計】

会社法は、旧商法の第二編、会社規定を基礎として、2005年に制定された法律であり、会社の設立から、意思決定を行う機関の設計、さらには運営、管理に至るまでの事項を、詳細に規定する法規範である。

株主や債権者その他を保護することを基本理念とし，資本を中心として様々

な資源を集約した企業が、様々な意思決定を主体的に行うために必要となる
「機関」については、企業の公開性や規模等に応じて柔軟に設計できるよう規
定されている。

　会社法で規定される会社の機関には、次のものがある。

【会社の機関】

株主総会　　出資者である株主を構成員とする最高意思決定機関である。
　　　　　　会社の基本的方針や重要な事項を決定する。

取 締 役　　業務の執行に関わる機関である。

取締役会　　取締役を構成員とする業務執行に関する意思決定機関である。

監 査 役　　取締役の業務執行について監査を行う機関である。

監査役会　　取締役の業務執行について監査を行う機関である。

会計監査人　計算書類や附属明細書等を監査し、会計監査報告書を作成する。

　企業は、会社法の規定に基づいて、その規模やその社会的な位置付け（ス
テークホルダーの範囲の広さ）等に応じて、機関の設計を行うこととなる。この
場合の視点は主として2つある。

　第一の視点は、公開会社であるか譲渡制限会社（非公開）であるか、という
ものである。公開企業であれば、企業の外部から資金を調達しているため、非
公開会社とは利害関係の広さが異なることになる。第二の視点は、大会社であ
るか中小会社であるか、というものである。これの違いによって、企業が関わ
る債権者の範囲が異なってくる。

　商法・会社法の会計規定に関しては、次の法令に定められている。

【会社法の会計規定】

　① 商法、会社法　　　私法・商事一般法

　② 会社法施行令　　　政令

　③ 会社法施行規則　　法務省令

④ 会社計算規則　　法務省令
⑤ 電子公告規則　　法務省令

　株式会社は、出資者から出資された拠出資本を、一方で元手とし、他方で債権者に対する責任金額として、ビジネス活動を行う主体である。その基盤には有限責任制が存在するため、これらに関わる計算規定については詳細に定められている。

　なお、会社法431条では、企業会計原則および企業会計基準について、一般に公正妥当と認められた企業会計の慣行とし、これに従うことを定めている。この規定により、会社法に基づく財務報告における会計基準の法的位置付けが定められている。

　株式会社は、会計帳簿を整備する義務を負っている（432条）。その上で作成すべき計算書類は次のように定められている。

【会社法で法定された計算書類】

・計算書類（会社法435条2項、会社計算規則59条1項）
　　基本財務諸表　　貸借対照表、損益計算書
　　補足情報　　　　事業報告、注記表、附属明細書
　　株主資本　　　　株主資本等変動計算書
・連結計算書類（会社法444条1項、会社計算規則61条）
　　企業集団　　　　連結計算書類（連結貸借対照表、連結損益計算書、
　　　　　　　　　　　　　　　　連結注記表、株主資本等変動計算書）

　計算書類は、監査役や会計監査人による監査を受けることとされ（436条）、その上で定時株主総会に提出し、承認を受けなければならないと定められている（438条1項、同2項）。

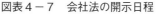

図表4－7　会社法の開示日程

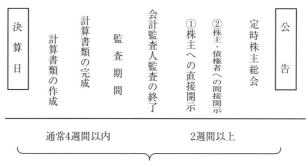

| 決算日 | 計算書類の作成 | 計算書類の完成 | 監査期間 | 会計監査人監査の終了 | ①株主への直接開示 | ②株主・債権者への間接開示 | 定時株主総会 | 公告 |

通常4週間以内　　　2週間以上

3ヶ月以内

（c）金融商品取引法会計

　金融商品取引法は、基本理念を投資者保護とし，金融商品の市場における公正な取引を通じ、適正な市場価格を形成し市場が発展することを目的とする法律であり、この会計規定は次の法令に定められている。

【金融商品取引法の会計規定】
　　① 金融商品取引法　　　　　社会経済法・商事特別法
　　② 金融商品取引法施行令　　政　令
　　③ 財務諸表等規則　　　　　府省令
　　④ 連結財務諸表規則　　　　府省令
　　⑤ 中間連結財務諸表規則　　府省令
　　⑥ 四半期連結財務諸表規則　府省令
　　⑦ 監査証明に関する府令　　府省令

　これらでは、企業会計原則および企業会計基準をガイドラインとすることが定められており（③の1条）、金融商品取引法に基づく財務報告における会計基準の法的位置付けが定められている。

　金融商品取引法では、発行市場に対する規制と、流通市場に対する規制が課せられている。このうち発行市場における規制については、有価証券届出書の内閣総理大臣への提出と、目論見書の作成が定められている。流通市場における規制については、有価証券報告書と四半期報告書等を内閣総理大臣へ提出することが定められている。これらの財務諸表については、公認会計士または監査法人の監査証明が求められている（193条の2）。

　なお、四半期報告書については監査証明ではなく公認会計士のレビューが実施され報告書が添付される。

　金融商品取引法の財務諸表は次の通りであるが、現在では、基本的に、連結財務諸表を中心に会計情報がディスクローズされる。

【金融商品取引法の財務諸表】

・財務諸表（金融商品取引法193条、財務諸表規則1条）

　基本財務諸表　　貸借対照表、損益計算書、キャッシュフロー計算書

　補足情報　　　　附属明細表

　株主資本　　　　株主資本等変動計算書

・連結財務諸表（金融商品取引法193条、連結財務諸表規則第1条）

　　　　　　　　　連結貸借対照表　　　　　　　通年、四半期

　　　　　　　　　連結損益計算書　　　　　　　通年、四半期

　　　　　　　　　連結包括利益計算書　　　　　通年、四半期

　　　　　　　　　連結株主資本等変動計算書　　通年

　　　　　　　　　連結キャッシュフロー計算書　通年、四半期

　　　　　　　　　連結附属明細書　　　　　　　通年

問題1　会計基準はなぜ重要であるのか、簡潔に説明しなさい。

問題2　会計公準と概念フレームワークを比較し、違いについて述べなさい。

問題3　基準設定主体の会計基準の設定活動について、簡潔に説明しなさい。

問題4　キャッシュフロー計算書の役割について述べなさい。

問題5　財務報告と制度会計の違いについて、説明しなさい。

文 献 研 究

1 企業会計原則の役割を考える

（新井清光『企業会計原則論』森山書店、1985年。）

企業会計審議会の委員と会長を務めた著者による本書は、パブリック・セクター型の基準設定活動を理解する絶好の書である。

丁寧に関係機関との意見交換や調整を重ね、アンケートを解析し、企業会計原則のあり方をも問いながら、リソースの少ないなか、経済政策へのリンケージ役を担うことにも尽力した当時の審議会の姿には、学ぶことが多い。

第5講

資金調達と会計

第1節　本講の焦点

　資金循環プロセスの第一段階は、企業が、経済活動に必要な資金を、資金提供者から調達する「資金調達活動」であり、資本調達とも呼ばれている。

図表5-1　資金循環プロセスにおける資金調達活動の位置付け

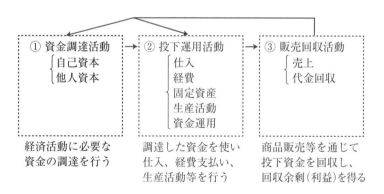

　企業が行う資金調達活動には、大きく分けて、「自己資本による資金調達」と「他人資本による資金調達」、という2つの方法がある。

　「自己資本による資金調達」とは、企業が、経済活動に必要な資金である「資本」の拠出（提供）を、「資本主」から受けることをいう。そのため、この資本については、「拠出資本」とも呼ばれている。

　この自己資本は、基本的には、企業を設立する時に調達され、それを元手として企業はビジネス活動を営むことになる。しかし、経営を継続するうちにさらに資金を調達する必要も生じることから、その場合、資本の増加、すなわち増資によってさらなる資金が調達されることになる。

　「他人資本による資金調達」とは、企業が、銀行等の金融機関からの資金借り入れ、有価証券のひとつである社債の発行による市場からの資金調達を行うことである。

　企業は、自己の財務的な視点からみて、これら2つの種類の資金調達のいずれを行うべきかを意思決定（財務的意思決定）し、資金調達活動を実際に行う。

図表5－2　資金調達活動における財務と会計の関係

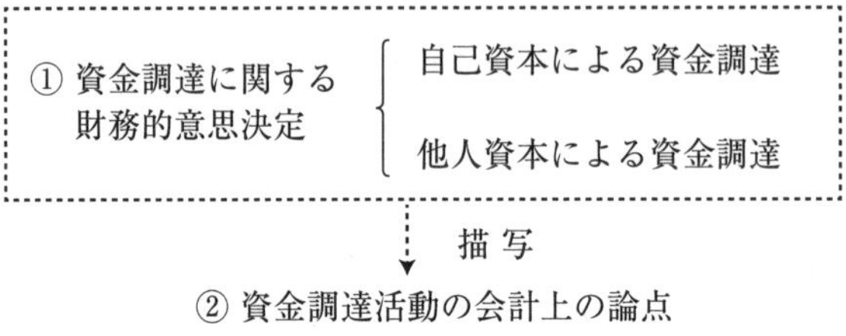

① 資金調達に関する
　財務的意思決定

　　自己資本による資金調達

　　他人資本による資金調達

描写

② 資金調達活動の会計上の論点

　したがって、資金調達活動の会計とは、基本的に、企業が行うこれら2つの種類の資金調達活動に関して、どのように認識、測定、記録・計算し報告すれば良いかを対象とする会計領域である、と定義することができる。

　これを図表に表すと、図表5－2のようになる。

第2節　資金調達の財務的意思決定

　企業が、ある資金調達を行う場合、どのような手段・方法によって、その資金調達を行うべきか、という問題は、その後の企業経営全体にも関わる問題となり得るため重要性が高い。

　一般的に、企業は、資金調達をできるだけ低いコストで行い、事業運営を効率良く行うことで、事業から高いリターンを得ることを目指す。そのため、事業運営を行う企業にとっての最も重要な関心事は、資金調達にかかるコストと、事業から得られるリターンを比較することに置かれることになる。

　企業財務では、この場合の資金調達にかかるコストのことを「資本コスト」といい、また事業から得られるリターンのことを「資本収益率」という。

　こうした資金調達における企業の財務的意思決定の視点は、図表5−3のように表すことができる。

図表5−3　資金調達における財務的意思決定の視点

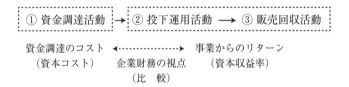

　実際に、この「資本コスト」を考える場合には、様々な負担を考慮しながら、事業運営に有利な資金調達方法を選択することになる。

　例えば、他人資本による資金調達には、債券市場の資金提供者からダイレクトに資金を調達する直接金融と、銀行などの金融機関が保有する預金を貸し出しという形を通じて借り入れ調達する間接金融の2つの方法があり、どちらを採るかによっても利害関係の様相が異なってくる。

　また、自己資本か他人資本かという選択肢の場合、配当その他の株主へのリターンを確保するための負担と、利息支払いその他の他人資本提供者へのリターンを確保するための負担は、ケースによって異なっている。

　こうした様々な違いを、逐一詳細にとり上げていくことも勿論必要であるが、全体的な財務的な意思決定の視点としては、ひとつの指標を用いてこれを考える方が合理的である。そこで、企業は、財務意思決定を行う際、自己資本による場合であっても、他人資本による場合であっても、資金提供者が要求する事業運営を行ったかを評価する際に用いるひとつの指標に着眼する。それが、「期待収益率」である。

　つまり、それぞれの資金提供者がその企業に資金を提供するのは、企業の事業運営によって「期待収益率」を上回る収益が得られると見込まれるから、と考えるのである。そのため、この「期待収益率」を「資本コスト」と考え、これを上回る収益を得る事業運営を行うことを目指すことになる。

　なお、理論的には、「自己資本コスト」と「他人資本コスト」を加重平均した「加重平均資本コスト」（WACC）が、企業全体の資本コストとなり、このコストを上回るような経営が企業に求められることになる。

図表５－４　加重平均資本コスト（WACC）の算出

直接金融	株主資本コスト	加重平均
株式による資金調達（株主の期待収益率） 社債による資金調達（債権者の期待収益率） CPによる資金調達（CP購入者の期待収益率）	配当 株式の値上がり益	資本コスト WACC
間接金融 金融機関からの借入れ（金融機関期待収益率）	他人資本コスト 有利子負債コスト 支払利息 発行費用他	

　なお、実際に事業からのリターンがどのようになるのかは、資本収益率を事後的に観察することで得られることになる。資本収益率を見るための代表的な

指標として、次の2つは重要である。(この他に理論的に優れた指標として投下資本利益率：ROICもある)

【①総資本事業利益率（ROA）】

期中の平均総資本と事業利益を比べ、収益性を測る指標である。事業運営の良否を判定する際、この数値と比較されるのは、加重平均資本コスト（WACC）等となる。

【②自己資本利益率（ROE）】

期中の平均自己資本と当期純利益を比べ、収益性を測る指標である。事業運営の良否を判定する際、この数値と比較されるのは、株主資本コストとなる。

第3節　自己資本による資金調達活動

（a）株式会社の自己資本

企業会計の自己資本による資金調達は、株式会社制度と密接に関係している。会社は、当初の個人的な商業活動から集団的な活動への史的な変化を経て生じた制度であり、いくつかの種類が存在する。

会社法に規定される会社は、合名会社、合資会社、合同会社、株式会社の4つである。このうち、大規模な資本を多数から集める仕組みを持つ株式会社以外の3つの会社は、持分会社と呼ばれ区別される。ただし、会社法が施行されるまでは、有限会社法に基づき有限会社が存在し、現在でも特例有限会社として株式会社の分類に含まれる。

会社の「持分」を有する者（会社法では「社員」と呼ぶ）は、①有限責任社員（出資額のみに有限責任を負う社員）と、②無限責任社員（債務全額に対する無限責任を負う社員）の2種類が存在しており、会社の持分を構成する社員がこのいずれであるかによって、この4つのいずれの会社となるかが決まる。

【会社法に規定される会社の種類】

合名会社　全員が無限責任社員で構成されているので、金銭による出資の他、労働や信用の出資も可能である。

合資会社　一部が無限責任社員、残りが有限責任社員で構成されているので、金銭による出資の他、労働や信用の出資も可能となる。

合同会社　全員が有限責任社員なので、金銭出資と現物出資のみ可能である。対内的には、組合的な要素を残す点が株式会社とは異なる。

株式会社　全員が有限責任社員なので、金銭出資と現物出資のみ可能である。原則として、出資金の返済はできないため、出資者は株主として、経営者の会社運営活動に基づくビジネスリスクの負担者となる。

このように、各会社の会社債務に対する責任は、社員構成によって性格付けられており、これに応じてそれぞれの会社の持分の性質が異なる。

特に、今日広く普及している株式会社の持分概念には，次のような特徴から大きな影響を受けている。

第一の特徴は、出資者（社員）が有限責任という点にある。すなわち、この制度のもとでは、出資者の会社債務に対する弁済責務が出資額に限られるというメリットがあることから、出資者の負担が個人の場合よりも軽微となる。

第二の特徴は、不特定多数のものが参加しやすいということである。持分が割合的単位に分割されているため、出資者は、投資可能額や余裕資金等、それぞれの資金事情に応じて参加割合を決めることができる。

第三の特徴は、持分の譲渡が原則として自由に行えるということである。すなわち、発行時に企業内に流入した元手としての原資は返済されない仕組みであるが、自己の持分を、流通市場を利用して希望者に譲渡することによって、いつでも市場から退出できる。

要するに、株式会社の持分は、有限責任社員から出資された金額であり、基本的には、①出資者に対する企業の責務の額を表しているが、他方で、②会社

債権者にとって担保となる金額をも表すことになるのである。この意味で、株式会社の持分は、両者の「利害の緩衝地帯」としての役割を持つこととなり、そのため資本（株主資本）として捉えて表現されることになる。

（b）株式会社制度における自己資本調達

株式会社では、出資者からの自己資本調達は、主に、①会社の設立時における通常株式発行と、②新株発行による追加資金調達の2つの方法によって行われる。

図表5−5のように、株式会社の株式には、出資者からの出資を受け株式を発行する「発行市場」と、所有する株式を購入希望者に転売する「流通市場」の2つがある。この違いは、企業内に資金が流入するかしないかという点にある。

「発行市場」では、企業に資本としての資金が流入するが、「流通市場」では、その資金とは別に、購入希望者と所有者の間で株式の譲渡と対価の支払いが取引される。したがって、上記の2つの自己資本調達は「発行市場」を通じて行われることになる。

図表5−5　株式の発行市場と流通市場

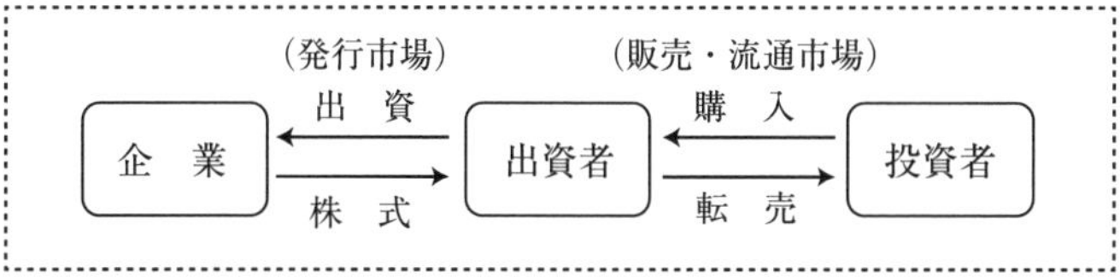

株式会社の割合的単位としての持分は「株式」と呼ばれるが、企業はこの権利を表象した株券という有価証券を発行市場で発行することがある。株式の譲渡に際して株券の譲渡が行われるが、株券の授受のタイミングに差異が生じることもあり、企業側では、株主名簿を設置して所有者を一元的に管理する（た

だし、名簿記載にもラグが生じることも多い)。

　株式会社は、会社法上、次の手続きを経て設立される。すなわち、最初に、会社の基本原則である定款（ていかん）を作成して、公証人による認証を受け、次に、出資金額が払込まれたら、金融機関から出資払込金保管証明を受け、最後に、設立登記申請を行い、これが完了すれば法人格が付与され、会社が成立する。

　この際、自己資本調達に関わる主なポイントは、次の通りである。

①出資の履行による株主の権利の獲得

　出資を履行することで株主になることができ、株主の権利を手中に収めることができる。株主の権利には自己の利益に関わる「自益権」と、会社全体の利益に関わる「共益権」があることは前述の通りである。

②授権資本制度

　会社法では，設立時に全ての株式を発行する必要はなく、発行可能株式の４分の１以上を発行しておき、残る未発行分は、自己資本を追加調達する必要が生じた時点で発行すれば良いこととされる（37条３項、200条１項）。

③株式の種類

　会社から発行される株式の種類は普通株式の他、配当を優先的に受ける代わりに議決権に制限を持つ優先株式やその反対の劣後株式がある（108条）。

　なお、この授権資本の未発行分を発行する新株発行は、割合的単位としての持分を現に所有する株主（既存の株主）の視点から見れば、株主の権利（自己の保有する議決権の全体における割合等）に関わる問題となる。そのため、特に自己株式の取得、合併等の企業再編等にも関わる点で注意が必要である。

第4節　自己資本調達の会計

（a）株式発行時の会計処理

　自己資本調達の会計描写は、基本的には、①会社の設立時における通常株式発行と、②新株発行による追加資金調達、という2つの方法に沿って行われる。

　いずれにおいても、出資者からの拠出された資本を拠出資本として純資産の株主資本にどのように表現するかが会計上問われることになる。

　拠出資本を表現するための企業会計上のカテゴリーは、個人企業の場合、「資本金」だけであるが、株式会社の場合、「資本金」と「資本剰余金」の2つが用意されている。資本剰余金は、さらに会社法で積立が規定される「資本準備金」と、「その他の資本剰余金」の2種類に分かれる。

　注意が必要なのは、会社法上のこれらのカテゴリーの捉え方である。

　企業会計では、資本金以外はすべて剰余金（資本剰余金と利益剰余金）と捉えるが、会社法の剰余金概念は、資本金と法定準備金（資本準備金、利益準備金）以外と位置付けられる。したがって、この描写にかかる会計基準の設定・改訂の際は、この会社法上の概念との調整も必要となる。

【会計処理】

　会社法の規定では、設立時に調達した資本は、発行価額の2分の1以上を「資本金」に組入れ、それ以外は「資本準備金」と扱われる（445条）。

　例　設立に当たって2,000の払込を受け全額が当座預金に入金されたので、資本金には会社法の規定する最低額を計上することとした。

（借方）　当座預金　2,000	（貸方）　資　本　金　1,000
	資本準備金　1,000

例　会社設立までに要する諸費用（定款作成費用、株式募集の費用等）500を、
　　現金により支払った。これを繰延資産として処理した。

（借方）　　創　立　費　　500	（貸方）　　現　　　金　　500
	（繰延資産の増加）

　繰延資産は、役務提供を受けit に対する費用性支出を行った（支払いが確定した）場合でも、それを単年度の費用とはせずに、複数年度に配分する際に生じる資産勘定である（企業会計原則・第三・一・D）。

　これは、もともと、「収益費用アプローチ」と呼ばれる期間損益計算が採られた時期の会計思考により生じた概念である。そのため、今日次第に拡大しつつある「資産負債アプローチ」の会計思考からは、議論が生じる項目のひとつである。すなわち、本来なら費用となるべき擬制資産であるから、これを認めないとする意見と、認め得るという意見に分かれるのである。

　いずれにせよ、換金性のない資産であるため、現時点では容認という視点から会計処理が規定されている（ASBJ、実務対応報告第19号）。

　この設例の場合、会社が成立するまでの間に生じた費用性支出（支出が確定した）であり、成立後、営業活動をまだ開始する以前の段階であるため、そのままでは対応する収益が存在しない。そのため、これを一旦「創立費」勘定に計上し繰延べておき、それを数期間で償却し費用配分する処理が行われている。

　また、成立後、開業までに要した開業準備の諸費用（広告宣伝費、通信費、使用人の給料、保険料、水道光熱費等）の支出については、「開業費」という勘定を用いて同様に処理をすることが認められている。

（b）新株発行による追加的資金調達：増資

　新株発行による追加資金調達は、増資として行われる。

　増資については、基本的に、2つの種類がある。

　「形式増資」は純資産の構成を変化させて形式的に増資を行う方法である。これには、資本準備金・その他資本剰余金の資本組入等がある。

　「実質増資」は、純資産の増加を伴う増資方法である。これには新株発行、新株予約権の権利行使、株式交付による他企業の吸収合併、株式交換による他企業の子会社化等がある。

　このうち、新株式の発行による自己資本調達は「実質増資」のひとつとして行われる。

　ただし、新株の発行に際しては、授権資本の発行可能株式数の範囲内で行わなければならない点、既存の株主の権利の希薄化等の問題の考慮等、注意するべき事項が存在する。

　新株の発行は、基本的に、株主割当、第三者割当、公募、という3つの方法によって行われる。

　「株主割当」は、現株主に対して新株を割当ることで発行する方法であり、時価より割安な払込価額を設定するケースが多い。

　「第三者割当」は、関係を強化したい主体に新株を割当る方法であり、時価に近い金額で発行するケースが多い。

　これらに対して、「公募」は、広く一般から出資者を募る方法であり、基本的に時価発行による増資が行われることになる。

【会計処理】

　公募による増資は、基本的に次のように処理される。

　例　新株式100株を、1株50の払込みという条件で公募したところ、期日まで
　　　で100株の申し込みがあり、申込証拠金がすべて払い込まれた。

（借方）	別段預金 （資産の勘定）	5,000	（貸方）	申込証拠金 （負債の勘定）	5,000

期日における仕訳には「別段預金」勘定が用いられているが、これは振込まれた資金等について一時的に管理を行うための預金勘定（資産）である。

反対の「申込証拠金」は、株主予定者確定前の段階で払込まれた分を処理する預り金勘定である。

株主予定者が確定すると、当該確定分について別段預金勘定から当座預金等の勘定に振替えられる。

例　払込期日になったので、上記の払込金額のうち、会社法に規定される最低額を資本金に組み入れ、別段預金を当座預金勘定に振替えた。

（借方）	申込証拠金	5,000	（貸方）	資　本　金	2,500
				資本準備金	2,500
（借方）	当 座 預 金	5,000	（貸方）	別 段 預 金	5,000

なお、新株の発行時にも株式の印刷費その他の費用が生じるが、これについても、前述の「創立費」や「開業費」と同様、「新株交付費」という勘定を用いて、繰延資産とすることができる。

【繰延資産と償却】

①創立費：設立までの諸費用（定款作成費、発起人の報酬、登録免許税）
　　　　　会社の成立から5年以内に償却（費用化）を通じて回収する。

②開業費：設立から開業までの準備費用（建物賃借料、広告宣伝費等）
　　　　　営業開始から5年以内に償却（費用化）を通じて回収する。

③株式交付費：新株発行時の費用（取扱手数料，株券の印刷費）
　　　　　　　新株の発行から3年以内に償却（費用化）を通じて回収する。

（c）財務諸表の表示

自己資本調達に関わる会計が、財務諸表上どのように表示されるかを理解す

るため、最後に例を示す（図表5－6）。

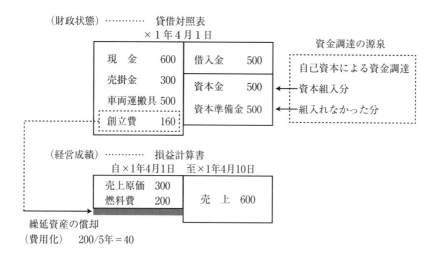

図表5－6　自己資本調達に関わる会計の財務諸表における表示　例

（財政状態）…………　貸借対照表
　　　　　　　×1年4月1日

現　金	600	借入金　　500
売掛金	300	資本金　　500
車両運搬具	500	資本準備金 500
創立費	160	

資金調達の源泉
自己資本による資金調達
←資本組入分
←組入れなかった分

（経営成績）…………　損益計算書
　　　　　　自×1年4月1日　至×1年4月10日

売上原価　300	売　上　600
燃料費　　200	

繰延資産の償却
（費用化）　200/5年＝40

第5節　他人資本による資金調達と会計

（a）他人資本による資金調達活動

　企業は、ビジネス活動の元手として、出資者から返済不要な自己資本を調達する。しかし、それ以外に、融資等を通じて資金を調達することもある。こうした資本を他人資本と呼ぶ。他人資本調達には、次のようなものがある。

【他人資本調達の例】

① 金融機関等からの融資（借入れ）

② 社債の発行による市場からの資金調達

③ コマーシャルペーパー（CP）の発行によるCP市場からの短期の資金調達

④ 与信を利用した掛取引等の買入債務

　このうち①から③については、資金を取引相手から調達し、一定期間経過の後、それを返済するという意味で共通性が存在するが、④の掛取引等については取引相手からの資金を直接受け入れるわけではないため、一見するとそこには共通性がないように感じられるかもしれない。

　一般に、掛取引のように取引相手から一定期間支払いの猶予を受ける取引を、「与信取引」という。「与信取引」の場合は、確かに、直接的に資金を調達するわけではない。しかしながら、これによって、企業は支払いまでの間、相手の資金力を間接的に用いることで、新たな資金調達を回避することができるようになる。その意味では、財務的な意味合いは、基本的に同様とみることができる。

　他人資本調達を財務の視点から考える場合、基本的には「資本構成」の視点に立つことになる。すなわち、総資本における他人資本と自己資本のバランス、およびその財務的な効果・影響を考えるのである。

　かかる問題を考察する際に登場するのがAmerican Economic Reviewに掲載されたFranco ModiglianiとMerton H. Millerの2本の論文※に示された「一定の条件の下では、資本構成は企業価値に影響しない」という命題である。

　※ ① Cost of Capital, Corporation Finance and the Theory of Investment
　　　（vol.48, No.3, June 1958, pp.261-297.）
　　② Corporate Income Taxes and the Cost of Capital: A Correction
　　　（vol.53, No.3, June 1963, pp.433-443.）

　また、財務レバレッジという視点もよく用いられる。例えば、DuPont Analysisでは、ROEが3分解され、財務レバレッジの役割が示される。

【 DuPont Analysis によるROEの３分解 】

$$\text{ROE} = \frac{\text{当期純利益}}{\text{自己資本（期中平均）}}$$

$$= \underbrace{\frac{\text{当期純利益}}{\text{売上高}}}_{\substack{\text{（売上高利益率）}\\\text{：収益性}}} \times \underbrace{\frac{\text{売上高}}{\text{使用総資本（期中平均）}}}_{\substack{\text{（総資産回転率）}\\\text{：資産効率}}} \times \underbrace{\frac{\text{使用総資本（期中平均）}}{\text{自己資本（期中平均）}}}_{\substack{\text{（財務レバレッジ）}\\\text{：負債の利用}}}$$

　上式第３項「財務レバレッジ」における分子は、使用総資本（自己資本＋負債）を表しており、負債の利用度が高ければ分子と比べて大きな値となる。このことから、他人資本（負債）の利用度が高いほどROEが高まるという関係を示すことができることになる。

　ただし、他人資本の利用は、株主にとって、追加的なファイナンシャル・リスクを高めてしまうことも、理論的には示されている。

　一般に、社債等の他人資本は、期日までの一定の利払いと元本返済が約される。そのため、投資者（潜在的な債権者）の視点からは、（格付け等により）財務健全性が担保されれば、株式よりも安全な資産という位置付けがなされる。

　これを企業の立場でみると、ビジネス活動の成果の良し悪しに関わりなく、他人資本の提供者に対する利払い等を、安定的な成果部分を用いて優先的に行う必要がある、ということになる。したがって、株主は、成果のうち残された部分、すなわちリスクの高い部分に基づいてリターンを受けとらなければならないのである。

　いずれにせよ、こうした様々な視点から決定・実行された資金調達の結果としての資本構成の姿を捉え、他人資本の利用開始時点、利用期間中、利用終了（支払時点）、の３つの時点でこれを捉えて会計情報に描写するのが、ここで学習する他人資本調達の会計領域である。

（b）他人資本①：金融機関（銀行）からの借入れ

　金融機関（銀行）から、借入れによって資金を調達することを間接金融という。金融機関からの借入れによる資金調達の場合には、当事者間で、借入れの諸条件（借入金額、金利、借入期間、返済方法等）に対する合意がなされ、それらが約定される。

【借入方法の種類】

①長期借入れ

　　証書借入れ：借用証書によって行う借入れ。

　　　期日における元金返済および期間中の利息支払いが必要となる。

②短期借入れ

　　手形借入

　　　約束手形を振出して銀行から融資を受ける。利息は先に差引かれる。

　　手形割引

　　　受取手形を銀行で換金する。手形利息に相当する手数料を差引かれる。

　　当座借越

　　　予め当座借越契約を締結（限度額設定）し範囲内での借越を可能とする。

【会計処理】

　金融機関（銀行）を利用した資金調達に際し行われる会計処理で用いられる勘定は、次の図表5－7のように示すことができる。

図表5－7　金融機関を利用した資本調達と勘定科目

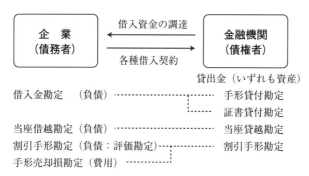

財務諸表上、借入金は短期（流動負債）と長期（固定負債）とに分けて表示されるが、これは一年基準または正常営業循環基準に基づいている。なお長期であっても、期日まで1年未満になると「一年以内返済の長期借入金」として流動負債に計上される。

　銀行から手形借入を行う場合には、自分が振出した手形（自己振出手形）を銀行に買い取ってもらうことで融資を受ける。その際、利息相当額を差し引かれることになる。なお、この際、収入印紙代も差し引かれる。

　例　銀行から手形借入により2,000の融資を受けた。その際、利息200と収
　　　入印紙代50が差引かれ、残額が当座預金に振り込まれた。

（借方）	当 座 預 金	1,750	（貸方）	借 入 金	2,000
	支 払 利 息	200			
	租 税 公 課	50			

　手持ちの受取手形を銀行で割引いてもらう場合、銀行に割引料を支払うことになる。この際、割引料を「手形売却損」勘定（営業外費用）により処理する。
　なお、手形を割引くことによって、銀行に手形債権が移転することになるた

め、債権（金融資産）は消滅する。しかし、同時に、割り引いた手形に対する訴求義務（偶発債務のひとつ：金融負債）が生じるため、これを「保証債務」として認識し、「時価」で評価する必要が生じることになる。

この保証債務は、将来一定の事由が発生した場合に経済的負担が生じ得る「偶発債務」のひとつ（第3講負債の分類参照）であり、この他に他企業等の債務保証を行なった場合にも適用される。

財務諸表における偶発債務の取り扱いについては、2通り（①引当金を設定する場合、②注記による開示）ある。①については引当金の要件（将来の特定の費用または損失、高い発生可能性、当期以前の事象に起因、金額の合理的見積り可能性）を満たした場合のみ計上され、それ以外は②で処理される。

割引手形が期日に無事決済された場合、保証債務は消滅するので負債勘定を減少させ、同時に費用計上した分の戻入れの処理を行う。

例　得意先振出しの約束手形5,000を銀行で割引いた。この際、手数料300を差し引かれ、残額には当座預金に振込まれた。なお、割引に伴う訴求義務の時価相当額については、一般債権の貸倒実績率に基づき、手形額面の3％と評価している。

（借方）	当 座 預 金	4,700	（貸方）	受 取 手 形	5,000
	手形売却損	300			
	保証債務費用	150		保 証 債 務	150
	（費用の発生）			（負債の増加）	

例　上記の割引手形が期日に無事決済された。

（借方）	保 証 債 務	150	（貸方）	保証債務取崩益	150
	（負債の減少）			（費用計上額の戻入れ）	

（c）他人資本②：社債による資金調達

　社債は、取締役会の決定に基づいて企業が発行する有価証券である。発行時に発行総額、額面額、償還期限、利息等の条件を設定し、発行後は、期限が到来するまで、資金を利用しながら、事前に約した定期的な利息の支払いを行い、返済期限が到来すると、額面額を償還（返済）する。したがって、この約定された期間は、この他人資本を利用することができる。

　最近では、社債についても電子化（ペーパー・レス）が進んでいる。従来は、印刷された社債券が発行されていた。会社法上は、この社債券には、基本的に、発行会社の商号、社債の金額（額面額）、社債の種類が記載されることと規定されているが、それ以外に償還日や利率、さらには社債の利札（利払日の予定利息額を表彰するクーポンで社債に付されたもの。※期限が到来すると簿記上、通貨代用証券として現金勘定で扱う。）が記載される。

　社債については、発行する側は「社債」勘定（負債）によって、購入する側は、「有価証券」勘定を用いて、それぞれ処理を行うこととされる。

　社債についても、株式と同様、発行市場と流通市場とがある。

　「発行市場」は、基本的には、「企業」と、「社債購入者（社債権者）」の2者による取引市場として捉えることができる。企業には、社債を発行する代わりに、その対価である資金が他人資本として流入する。

　「流通市場」は、同様に、「社債権者」と「社債購入者」の2者による取引市場と捉えることができる。したがって、この2者間で授受される対価は企業には流入しないこととなる。

　いずれの市場であっても、結局は最終的に購入した者が「社債権者」となり、デフォルト・リスクを負担することになる。そのため、社債の販売状況はデフォルト・リスクに関する市場の見方、すなわち評価によって影響を受けることになる。

　第1講で説明したように、社債を発行する企業は、予定される他人資本額を調達するため、社債を円滑に発行しようと、社債権者のそうしたデフォルト・リスクを低減させる工夫を発行の仕組み上で行なっている。社債発行時に純資

産維持条項等、会計情報の内容に関わる財務上の特約を付したり、発行時点で
償還日までの利息をすべて割引いたりすることが、その典型である。

　例えば、財務上の特約である純資産維持条項については、企業がこれに違反
して株主に過度な配当を行なった場合等に、特約上の権利を社債権者が行使し
て繰上償還（期日を待たずに資金返済を行うこと）を求めることがある。この場
合、企業にとっては、折角調達した他人資本が、予定期間の中途までしか利用
できない事態となってしまう。このように、ステークホルダーとしての社債権
者にとっては、この財務上の特約は、自己の利害に関わるリスクを低減するた
めの大きな手段となるのである。

図表５－８　社債の発行市場と流通市場

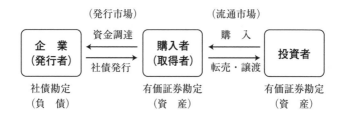

　普通社債の発行には、平価発行、割引発行、打歩発行、という３つの方法が
存在する。平価発行は、額面金額で普通社債を発行する方法である。これに対
し、残る２つは、額面金額と異なる発行価額で発行する方法である。

　一般的によく採用される割引発行は、額面金額よりも発行価額を低く抑える
発行方法である。この背景には、社債発行企業の意図が存在している。

　例えば、社債発行企業が、社債を広く販売し資金調達を円滑に行うことを第
一の目標と定めたとする。この場合、契約利率を高く設定しなくては、社債権
者に自社の社債のアピールができないことになる。

　しかし、契約利率が高いと、契約期間中の企業の利払いの負担は増大するか
ら、企業はこれをできれば回避しようと企図する。

　そこで、契約利率を低く抑えつつ、社債購入希望者に有利な条件を提示するため、企業は、市場金利等に合わせて社債の利回り（企業側ではこれを実効利子率と捉える）を割高に設定し、契約利率（クーポン・レート）との差額分を発行価額の割引額によって調整するのである。

　もうひとつの方法である打歩発行は、発行時に設定される割安な利回りとの差額分を調整する目的で、額面金額にプレミアムを付して高い発行価額とするものである。

【社債の発行方法】

① 平価発行　発行価額　＝　額面金額

② 割引発行　発行価額　＜　額面金額

③ 打歩発行　発行価額　＞　額面金額

　いずれの方法においても、社債勘定（負債）として帳簿に記入される金額は、取得時の発行価額となるため、平価発行以外の2つの方法の場合には、帳簿上の社債勘定の金額と額面額の間に差異が生じることなる。

　企業は、期日（償還日）が到来すると、額面金額を社債権者に支払い、同時に社債勘定の減額処理を行うため、その差異を償還までの間に「自己の追加負担分」として帳簿上認識し調整しなければならない。こうした理由から行われる調整方法が、「償却原価法」である。これには、「利息法」と「定額法」の2つの方法が存在する。

　「利息法」は、実効利子率による複利計算を基礎として、クーポン・レートによる利息計算との差額を発生に応じて認識し、費用計上しながら帳簿価額を調整する方法である。

　これに対し、「定額法」は、差異の発生パターンと無関係に、償還までの期間に、当該差異を定額で費用配分する方法である。

例　×1年4月1日、普通社債を次の条件で発行した。

（発行条件等）

　額面10,000、払込金額9,182、利率（クーポン・レート）2%、実効利率5%、　期間3年、利払日は年1回（3月31日）とする。

　払込と償還は当座預金を利用し、社債利息は利払日に小切手により支払う。

　計算には償却原価法を適用し、小数点以下は、四捨五入とする。

　なお、四捨五入によって生じる差異は最終年度に調整する。

ここでは「利息法」による処理を示す（定額法は省略する）。

【発行時の仕訳】

（借方）	当 座 預 金	9,182	（貸方）	社　　　　債	9,182

【1年目の利払日】

（借方）	社 債 利 息	459	（貸方）	当 座 預 金	200
				社　　　　債	259

【2年目の利払日】

（借方）	社 債 利 息	472	（貸方）	当 座 預 金	200
				社　　　　債	272

【3年目の利払日】

（借方）	社 債 利 息	487	（貸方）	当 座 預 金	200
				社　　　　債	287

【償還時】

（借方）　　　社　　　債　　　10,000	（貸方）　　　当 座 預 金　　　10,000

計算については次の手順で行う（計算の一覧を図表5-9に示してある）。

① 実効利子率（利回り）による複利計算を行う。

② 利率（クーポン・レート）による利息額を算定する。

③ 上記の①と②の差額（調整額）を求める。

④ 帳簿価額を調整する。

図表5-9　利息法による償却原価額の計算

	①利回り発生額	②利息支払額	③調整額	④帳簿価額
×1年4月1日				9,182
×2年3月31日	459	200	259	9,441
×3年3月31日	472	200	272	9,713
×4年3月31日	487	200	287	10,000

※ 四捨五入によって生じる差異は最終年度に調整している。

（参考）この場合における実効利子率による複利計算は次式による。

$$\frac{200}{1+r} \quad + \quad \frac{200}{(1+r)^2} \quad + \quad \frac{10,200}{(1+r)^3} \quad = \quad 9,182$$

1年目　　　　　　2年目　　　　　　3年目　　　　　発行時の帳簿価額

　なお、償還方法には、満期になるまで定期的に償還される「定時償還」や、満期前に企業側に財務的な余裕が生じることで行われる「買入償還（買い入れ消却）」がある。

　ところで、企業社債を発行する際、目論見書、社債券の印刷費、募集の広告

費等々の財務コストを負担する。これらは、支出時に営業外費用として処理することが原則であるが、株式の場合と同様、「社債発行費」勘定を用いて繰延資産として、償還までの複数期間にわたって償却（費用化）する処理を行っても良いこととされる。この繰延資産の償却にも「利息法」が原則として用いられるが、継続適用を約する場合「定額法」で処理しても良い。

（d）他人資本③：新株予約権付の社債の処理

社債のなかには、社債と異なる性質をもつものが２つ存在する。それが「新株予約権」というオプションが付されている「新株予約権付社債」と「転換社債型新株予約権付社債」２種類の社債である。

「新株予約権」とはオプションのひとつで、企業に、新株式（もしくは企業が保有する自己株式）を自己のために発行させる行使権のことである。これは、行使権を保有する者は、このオプションを行使することで、株式を保有することができることを意味する。

上記２つは、ともにこの「新株予約権」がオプションとして付された社債である。しかし、その意味合いが異なっている。

【新株予約権付社債】

これは、予め決められた価格を行使し、出資金額を支払うことによって新株式を取得できるという「新株予約権」が付された社債である。

例　額面総額10,000の新株予約権付社債を額面発行し、払込先は当座預金とした（行使価格500、新株予約権は800である）。

（借方）	当 座 預 金	10,000	（貸方）	新株予約権付社債	9,200
				新株予約権	800

例　権利の6割を行使し、払込額6,000の2分の1を資本金に組入れた。

| (借方) | 当 座 預 金 | 6,000 | (貸方) | 資　本　金 | 3,240 |
| | 新 株 予 約 権 | 480 | | 資本剰余金 | 3,240 |

【転換社債】

　これは、「新株予約権」を行使することによって、社債権者から株主に転換することができる社債である。社債から株式への転換を行う場合は、転換社債の保有者が、発行企業に対して、普通株式への転換請求を行う必要がある。

　例　転換社債10,000（発行時に額面発行したもの）につき転換請求を受けた。
ここでは、発行価額の2分の1を資本金に組み入れることとする。

| (借方) | 転 換 社 債 | 10,000 | (貸方) | 資　本　金 | 5,000 |
| | | | | 資本剰余金 | 5,000 |

（e）他人資本④：コマーシャル・ペーパーとミディアム・ターム・ノート

　企業が、短期（通常は30日以内が多い）でかつ巨額の資金を調達するために振り出す無担保の約束手形のことを、コマーシャル・ペーパー（CP）という。

　コマーシャル・ペーパーを発行する企業側のメリットについては、①市場から巨額資金を機動的に調達できること、②信用力を生かして金利面で有利に調達できること、の2つが存在する。

　コマーシャル・ペーパーは、基本的に、有価証券と同じ会計処理をするため、発行する側においては、基本的に「短期社債」あるいは「コマーシャル・ペーパー」という負債勘定を用いて処理を行う。

　反対に、資産としてコマーシャル・ペーパーを購入する側においては、「有価証券」として計上することになる。

　他人資本の調達方法には、この他にも短期のコマーシャル・ペーパーと長期

の社債との中間的な手段として利用されるミディアム・ターム・ノート（MTN）等がある。これは、企業が予めMTNプログラムに関する契約をディーラーとの間に締結し、契約書や目論見書を事前に作成することで、発行枠内で随時発行できる機動的な資金調達の仕組みである。

（f）財務諸表の表示

他人資本調達に関わる会計が、財務諸表上にどのように表示されるかを理解するため、ここでも例を示す（図表5－10）。

図表5－10 他人資本調達に関わる会計の財務諸表における表示　例

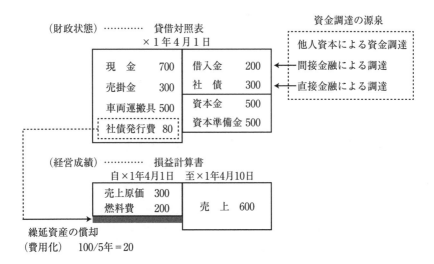

研 究 問 題

問題1　資本コストについて、簡潔に説明しなさい。

問題2　株式の発行市場と流通市場について、企業への資金流入という点から違いを説明しなさい。

問題3　増資の際の新株発行の会計処理について説明しなさい。

問題4　資金調達に関連して生じる繰延資産について説明しなさい。

問題5　他人資本調達の各方法について、比較しながら説明しなさい。

問題6　社債の償却原価法について、利息法と定額法の違いを述べなさい。

問題7　新株予約権について、簡潔に説明しなさい。

文 献 研 究

1資本構成をどのように決めるのか？

（ツヴィ・ボディ・R.C.マートン・D.L.クリートン著、大前恵一朗『現代ファイナンス論 意思決定のための理論と実践（原著第2版)』ピアソン・エデュケーション、2011年。）

過度にテクニカルに説明されがちなファイナンス理論を、本書では、財務諸表から得られるデータとの関わりにも言及しながら、わかりやすく説明している。著者の一人ツヴィ・ボディ氏は、年金会計（退職給付会計）に関する論文も多く執筆している優れた研究者であり、その意味で会計学の視点からアプローチしても十分に理解しやすい記述である。

第6講

投下運用活動（1）：仕入活動・有価証券等

第1節　本講の焦点

　資金循環プロセスの第二段階は、企業が、資金調達を通じて集めた資金を用いて行う、支出を中心とした「資金投下運用活動」である。

図表6－1　資金循環プロセスにおける投下運用活動の位置付け

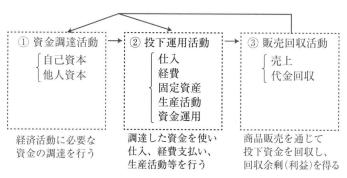

　企業は、自己資本の提供者と他人資本の提供者から資金を調達し、それを用いて支出を基礎とした様々な投下運用活動を行う。この活動には次のようなものがある。

【主な投下運用活動】

a 仕入活動（商品等を購入し、製造・販売に備える）

b 諸費用（研究費、開発費、人件費、各種経費、その他）に対する支出

c 設備投資（営業用・製造用の建物・設備等固定資産の購入）

d 製造活動（材料を購入し製品を製造・生産する活動）

e 余剰資金等の運用活動

　ここに示されている項目のうち、aからdはいずれも広義の営業活動に関わる支出活動である。これに対して、eは資金の運用（投資活動）等の金融活動に関わる支出である。このように、企業の事業活動は、営業活動と金融活動とを軸として営まれている。

　そのため、企業財務の領域では、基本的に、企業が保有する資産全体について「事業資産」という概念で捉え、そのうち営業活動に関わるものを「営業資産」、金融活動に関わるものを「金融資産」として分類することが多い。

　そのうえで、それらの資産がどれだけリスクとリターンを持ち合わせた資産であるかをキャッシュフローで捉えて、最終的には、事業資産の「アセットミックス」や「事業ポートフォリオ」（事業の構成）を評価し決定することになる。

　事業の取捨選択の鍵は、それが価値を付加するものであるか否かであることが多い。特に、企業価値を算定する際に、企業（本社の財務部等）がどのような「割引率」を選択するかという点は大きな分水嶺になり得るマターである。

　事業ごとにリスクに見合った適正な割引率を適用することが、判断材料としての情報の質を決める重要なポイントとなる。

　ところで、企業の営業活動とは、どのようなものであろうか。現代における企業は、事業活動を継続・反復的に行う経済主体と定義づけられている。しかし、継続的に行なっていればランダムに活動して良いというわけではなく、取引相手その他との関係もあるため、一定の営業サイクル（あるいは営業循環プ

ロセス）を通じて、ビジネス活動を営むのが通常であろう。

　例えば、製造業の営業サイクルは、概ね、①原材料等を仕入れ、②それらを用いて生産活動を行い、③販売活動を通じて収益を獲得し、④対価を貨幣性資産で回収する、というサイクルで営業活動が行われている。

　このうち、①および②では「投下運用活動」に関わる支出が行われ、③および④では「販売回収活動」に関わる収入が生じる。

　この営業サイクルに用いる予定のない資金のことを余剰資金と呼ぶが、企業は余剰資金をはじめ各種の資金を、金融資産に投下運用することが多い。

　この金融資産の利回りは、企業にとって、営業活動以外の収益源泉となる。本業の好不況に関わりなく収益を増大させる手段となり得るから、企業の収益性の安定化に貢献する一つの手段と捉えることができる。

　さて、上記のように、企業の投下運用活動は、主として、営業活動と金融活動の視点から捉え得ることが明らかとなったが、ここで、ひとつ見落としてはならない点が存在する。それは、投下運用活動のうち資金を支出する対象が資産だけではないということである。

　すなわち、資金を支出する活動は、「資産同士の等価交換」だけではなく、役務（サービス）活動に対しても行われるからである。その場合には、当該役務は、費消される過程を通じて、漸次、収益の獲得に貢献することになる。

　このように考えると、投下運用活動は、基本的に、「資産に対する支出」と「費用に対する支出」を行なっていることになり、企業の立場から「資産構成」を考えるだけでは、企業経営上の全体的な意思決定の視点としては、必ずしも十分ではないことがわかる。

　以上のような企業財務的思考に基づいて実際に実行された支出活動を、会計の視点からひとつの姿として捉え会計情報に表現するのが、投下運用活動の会計領域の役割である。投下運用活動を会計描写する場合における基本的な視点は、次の図表6－2のように表すことができる。

　基本的には、営業活動における支出活動は、資金（現金等）によって行われるため、資産の減少を生じさせる原因となる。

　支出の対象が資産である場合には、「交換取引」を通じて資産が流入するため、資産総額の変動はない。しかし、費用として支出する場合には、資産は減少し、その分が費用勘定に移動する形で表示される。これが「損益取引」を通じてストックの変動とフローの変動として同時に記録されることで、両者の損益計算は同額分の変動を表す。

　費用の計上は、直接費用だけでなく、固定資産の減価償却のように一旦購入した原価が費用配分を通じて行われる場合もある。また、引当金の場合のように、一旦は引当金という負債勘定と引当費用額をその期間に計上しておき、後に支出が生じる場合に、負債と資産を同時に減少させることで、間接的に支出を表現する処理方法もある。

　これらから、投下運用活動の会計描写では、下記の図表6－2に示されるように、資産勘定、費用勘定、負債勘定を中心として表現されることがわかる。

図表6－2　投下運用活動を会計描写する視点

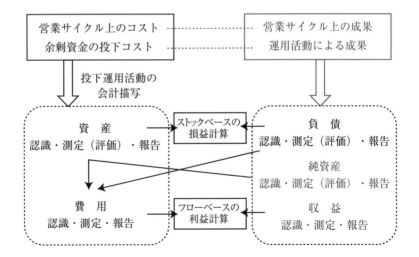

第2節　仕入活動の会計描写

（a）企業の仕入活動と販売活動

　現代の企業のビジネス内容は多様である。商品を仕入れ、それを他者に転売することで損益を獲得するような、古くから存在する商品売買活動はもちろんのこと、原材料を仕入れ、製品等を生産して、それを販売することで損益を獲得するような、産業の発達によって普及した製造販売活動や、プログラマーその他に人件費等を支払って、通信系のサービスを行うことで損益を獲得する比較的新しいタイプのビジネス等、実に様々である。

　しかしながら、企業会計は、こうした多様性を持つビジネス活動の顛末を、首尾一貫した方法によって捉え、会計情報に要約して描写することで、①企業経営者が自己の経営パフォーマンスの良否を判断する際の材料を提供し、②ステークホルダーの経済的意思決定における判断材料を示す、という2つの役割を果たさなければならない。そのため、これらのビジネス活動に共通する特徴を捉えて、それを描写のルールに規定する。

　仕入活動と販売活動は、この共通する捉え方の典型であり、商業であっても、製造活動であっても、あるいはサービス活動であっても、基本的にこの捉え方が可能である。そこで、本節では、基本的な仕入活動および販売活動について焦点を当て、これを理解するところから説明を行う。

　まず、商品売買取引を、仕入活動と販売活動という視点から捉えると、次の図表6-3のように表せる。

【仕入活動・販売活動と会計の基本視点】

　図表6-3において、中心となるのは、2つの商品売買活動である。すなわち、X社と当社の間で行われる商品売買活動（仕入活動）と、当社とY社の間で行われる商品売買活動（販売活動）である。

　まず、①当社は、X社から商品を仕入れ、②その対価をX社に支払ってい

図表6－3　仕入活動と販売活動の関係

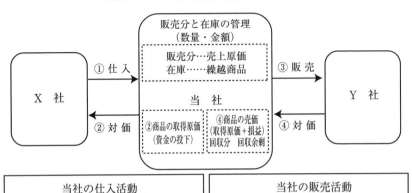

る。この取引を通じて、当社は商品を「取得」し、同額の資金を投下する。

　仕入時の対価については、本来、現金で支払われることが取引先にとっても自己にとっても望ましい。しかし、企業の資金繰り等の関係によっては、手許に支払い可能な資金がない場合もある。そこで、現在の企業取引では、「与信」が利用され、様々な「買入債務」が生じることになる。

（様々な買入債務）

買 掛 金（掛取引）　　:口頭による支払い約束（取引当事者の信用）

電子記録債務　　　　:買掛金等を電子記録化したもの

支払手形（手形取引）:有価証券によって内容が規定された手形債務

　※ 未払金は商品以外の財等の支出に用いる勘定である。

　なお、企業は、仕入取引において生じた、「付随費用」（商品を受取る際の引取運賃、購入手数料、関税等）も支払うことになる。

　次に、当社は、③Ｙ社に対してこの商品を販売し、④その対価をＹ社から得ている。この取引によって、当社は販売価格である売価を得る。企業は商品を販売するに際し「値入れ」を行なっているため、売価は「投下資金の回収部

分」と、「回収余剰としての損益」の２つの金額から構成されている。

　販売に際して受取る対価についても、「与信」を利用する場合には「売上債権」が生じることになる。

　（様々な売上債権）

　売　掛　金（掛取引）　　：口頭による受取り約束（取引当事者の信用）

　電子記録債権　　　　　：売掛金等を電子記録化したもの

　受取手形（手形取引）：有価証券によって内容が規定された手形債務

　※　未収入金は商品以外の財等の収入に用いる勘定である。

【企業の商品管理】

　このように仕入れから販売までの一連の流れを観察すると、ひとつ重要な点に気づく。それは、仕入活動によって企業内に流入した商品を、販売に至るまでの間、企業が「管理」しなければならないことである。

　企業は、一旦商品を仕入れると、それを倉庫等のような適切な場所において保管し、販売の際の払い出しに備える。このため、企業が保管する商品については「在庫」と呼ばれることが多い。

　しかし、企業はこれを単に保管しておけば良いわけではない。それは、販売活動で販売されたもの以外は、すべて「売れ残り」となり、これを在庫として管理し続けなければならないからである。

　企業が在庫を管理する事には、少なくとも２つの意味が存在する。ひとつは、在庫商品の数量面や金額面の管理を行うことであり、もうひとつは、在庫商品の品質を一定に保つことで、それをいつでも販売に供し得る状態に保つことである。

　例えば、在庫が災害や盗難等にあうと、その在庫数量は減少してしまうことになる。また、商品市場では、需給状況に基づいて常に取引価格が変動するから、販売を行う前段階の保有期間中に、その商品の市場価値が既に低下して販売ができなくなるおそれも存在する。その他、例えば、冷凍保管を要する商品

が、冷凍機の故障等のトラブルにより商品価値を失う場合のように、保管条件を維持できない問題が発生したことによって商品の品質が損なわれることも考えられる。

　仕入れ時には仕入帳、販売時には売上帳、そして保有状況の把握には商品有高帳という管理ツールが、複式簿記において用意されているのは、こうした保管に伴うリスクに関して、少なくとも、計数的側面から管理力を高めることで、対応する意味がある。

　勿論、これは当期だけの問題ではない。企業が、継続的にビジネス活動を行う環境では、こうした問題が、毎期、経常的に発生することも想定される。その点で、この保有中の管理活動を捉えて描写することも重要な論点となる。

（ｂ）棚卸資産の会計①：仕入活動にかかる会計処理

　商品は販売を目的として購入され、それが営業サイクルを通じて順次販売されるため、「費用性資産」として捉えることが出来る。

　このうち営業期間中に販売されたものは、「売上」に貢献したという意味において「売上原価」となり、売れ残る場合は「在庫」として繰越すため「棚卸し」（数量と価格の確認）という手続きが必要となる。このように、「棚卸し」という行為によって在高が確定する費用性資産のことを「棚卸資産」と呼ぶ。

　ここでは、棚卸資産という視点から、資金の投下運用活動の会計描写について学習する。棚卸資産については、次のように定義されている。

【棚卸資産の定義と例】（連続意見書四・第一・七）

①通常の営業サイクルにおいて販売するために保有するもの

　　（商品、製品）

②販売を目的として現に製造中のもの

　　（半製品、仕掛品）

③販売目的の財貨または用役を生産するために短期間に消費されるべきもの

　　（原材料）

④販売活動および一般管理活動において短期間に消費されるもの
　（事務用消耗品等の貯蔵品）

　棚卸資産は費用性資産であるため、その帳簿価額は、活動期間においてすべて販売活動を通じて費用化されることが予定されている。棚卸資産の費用化は、「販売に対する役立ちが確定する」という意味での費用化であり、その金額は売価によって対価を得る際に回収され、その回収余剰が売買取引を通じて得られる損益となる。そのため、「取得原価」の決定は期間損益の計算にも関わる重要な論点となる。
　棚卸資産の取得方法には、①購入、②自家生産（製品の製造）、③交換、④無償取得、等が存在する。

【棚卸資産の取得方法①：購入の場合】
　購入の場合には、購入代価に「付随費用」（商品を受取る際の引取運賃、購入手数料、関税等）を加算して決定する。
　これは、付随費用を支払わなければ商品を入手し販売にも供せないという観点から、販売を通じて回収するべきコストとみなして取得原価に含めているのである（企業会計原則第三・五・A）。
　棚卸商品の仕入に際しては、返品、値引き、割引、割戻し等が行われることがある。これらは「変動対価」と呼ばれる。

変動対価
　返　品：品違い等があった場合に行われる仕入れや販売の戻し
　値引き：品質不良等の理由による購入代価の引き下げ
　割戻し：大量購入に伴って受ける支払いの免除（購入代価の減額）
　割　引：代金の早期支払いによる購入代価の減額

　変動対価のうち、値引きと割戻しはその金額を購入代価より控除する。しか

し割引は、一見割戻しに似ているものの、実質上は金利の性質を持っている（売り手の資金回収が早まることで節約されたコスト負担分を、還元する意味合いがある）ため、「仕入割引」勘定を用いて営業外収益に計上する。

【棚卸資産の取得方法②：自家生産の場合】

　自社で製品等を製造した場合は、製造原価（適正な原価計算基準に照らして算定されたもの）を取得原価とする（企業会計原則注解8）。

　現在用いられる適正な原価計算基準は、企業会計審議会の「原価計算基準」である。この原価計算に関する代表的な形態は、a実際原価計算、b標準原価計算、c直接原価計算の3つである。

a 実際原価計算

　製造を行なった後、財やサービスの実際消費量と、実際の取得価格とを用いて製品原価を計算する方法である。

　実際のデータに基づいているため、最後まで通算しなければ確実な原価が把握できない。そのため、「ころがし」計算とも呼ばれている。

b 標準原価計算

　統計的科学的調査に基づき「能率の尺度」として企業が設定した標準原価（標準価格×標準数量）を用いて製品原価を計算する方法である。

　標準原価による計算であるため、実際の進捗度に左右されることがなく、また、標準原価による計算過程と、実際原価の場合とを比べることにより、「原価差異」を求め分析することができる。

参考　標準原価の設定方法

・インプット法（シングルプラン）

　　費目別費用計算の段階に標準原価を設定し、これを超える実際原価を原価差異として把握する方法

・アウトプット法（パーシャルプラン）

　　実際生産量の確定後に原価標準を乗じて標準原価を求め、標準原価と

実際原価を比較して原価差異を把握する方法

c直接原価計算

　製造活動に要する諸費用を、①生産量に比例して発生する「変動費用」と、②生産とは無関係に、期間的に一定量発生する「固定費用」に分類して、①の変動費用にのみ焦点を当てて原価を計算する方法である。

　本方法の長所は、売上の増減が変動費との対応で把握できることである。

【棚卸資産の取得方法③および④：交換・無償取得】

　既に第3講で説明したように、財の測定や評価は、基本的に「測定対価主義」という会計思考に基づいて行われている。

　しかし、交換は対価を受領せず、財と財の等価交換が行われる。また、無償取得の場合には、対価も交換する財も存在しない。そこで、これらについては、受入れた棚卸資産の「公正な評価額」でもって評価することとなる。

　なお、法人税法上では、取得資産の時価（その時点で取得資産を取得する場合の価格）および付随費用でもって測定される（法人税法施行令32条1項3号）。

（c）棚卸資産の会計②：費用配分

　図表6−4に示されるように、企業が、販売のために用意する商品は、前期から繰越された分（a期首商品棚卸高）と当期に仕入れた分（b当期の純仕入）であるが、これらは、実際の販売活動を通じて「c売れた分」と「d売れ残った分」の2つに分けられることになる。

　これを、どのように会計描写し、会計情報に表現するのか、という点に一定の会計思考を提示するのが、費用配分の視点である。

　棚卸資産の費用配分の出発点は、記帳された取得原価が様々な時点で認識されたものであることに気づくことである。

　すなわち、企業の帳簿には、上記の図表におけるaおよびbのいずれについても、その認識時点の「取得原価」によって記録がなされている。

図表6－4　売上原価と期末商品棚卸高の関係

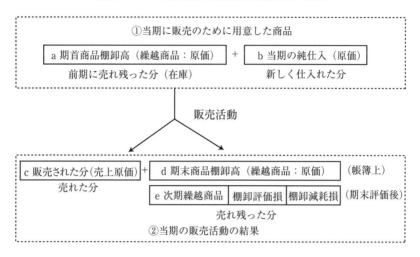

次に、販売のために用意した商品（a＋b）は、販売活動を通じて、ｃの販売された商品とｄの期末商品棚卸高（売れ残った商品）とに分けられるが、これをどのように会計描写するかが問題となる。

上記の販売用商品の取得原価（a＋b）のうち、ｃに配分される費用額を決定するには、ｃの「消費数量（消費された棚卸資産の数量）」と「消費単価（消費された棚卸資産の単価）」を、帳簿記録を通じて把握しなければならない。そこで、この2つにつき、次のように把握することになる。

まずは、「消費数量」を把握する方法である。

「棚卸記録法」のように、仕入れや販売の都度、受入数量や払出数量を、実地棚卸を行いながら記録すれば、ｃおよびｄの帳簿金額は、ある程度正確に描写できる（ある程度というのは、この方法では、盗難等による数量的変化との区別が十分にはできないためである）。しかし、現代のように膨大な取引量とスピードが求められるビジネス環境ではこうした記録法を行うことは困難であるといえよう。

こうした欠点を補うために、今日利用されるのが、「継続記録法」である。

これは、資産の種類ごとに「商品有高帳」「材料元帳」等を分けておき、継続的な記帳を前提に、入出庫の都度これを記録することで、出庫に基づいた帳簿残高を確認する方法である。そのため、盗難や減失等、出庫に基づかないイレギュラーな減損量は、期末に実地棚卸を行えば把握できることになる。

次に、「消費単価（払出単価）」を把握する方法である。

消費単価の把握も、基本的には、記録を通じて行わなければならない。しかし、この記録には、消費数量の場合と異なり、払出される棚卸資産の流れに「一定の仮定」を設け、継続適用を条件として「物理的な流れから離れた計算」を行うことを認めている。

これには、実務上、①個別法、②先入先出法、③後入先出法、④総平均法、⑤移動平均法、⑥最終仕入原価法、⑦売価還元法等が用いられてきたが、現在の会計基準では、①、②、④、⑤、⑦に限定されている（企業会計基準第9号）。

①個　別　法

これは、個々の棚卸資産を受入れる都度区別し、払出しにかかる単価と期末在庫の単価を、個々の実際単価を用いて算定する方法である。手数を要する方法であるため、ごく少量の高額商品等に用いられるほかは一般的ではない。

②先入先出法（FIFO、First-in First-out）

古く取得した商品から順次払出すものととらえ、記帳する方法である。この方法を採用すると、最近になって仕入れた商品が残ることになり、残高に時価が反映されやすくなる。

③後入先出法（LIFO、Last-in First-out）

最近取得した商品から順次払出すものととらえ、記録する方法である。この方法では、最近の仕入コストが費用配分されるが、残高に時価から離れたコストが反映されることになる。

④総　平　均　法

　一定期間内に取得した棚卸資産の「取得原価の合計」を、「受入数量の合計」で除して、平均単価を求める方法である。

⑤移 動 平 均 法

　移動平均法は、その時点までの仕入総額を用いて平均単価を算定し、払出額と残高を把握する方法である。仕入れが複数回ある場合には、その都度在庫と合わせて加重平均単価を算出する。

⑥最終仕入原価法

　最終に仕入れた商品の価格を用いて期末商品棚卸価額を求め、当期に販売のために企業が用意した商品（期首在庫＋当期純仕入高）の取得原価から差引いて売上原価を算定する方法である。

⑦売 価 還 元 法

　異なる種類の棚卸資産を扱う業種の場合、受入・払出・在庫については数量データを記録するにとどめておき、期末において、値入率の類似性に基づき棚卸資産をグループ化し、それら棚卸資産の売価合計額に、原価率を乗じて期末商品棚卸価額を求める方法である。

　原価率の算定方法については、会計の規定（連続意見書第四）と、法人税法の規定（法人税基本通達 5-2-6）とで若干異なる（棚卸減耗分の差異が生じるため）。

　このように、棚卸資産の消費単価の把握に際しては、上記①から⑦の方法のように、物理的な流れと切り離された多様な仮定計算が行われる。このため、棚卸資産の費用配分には人為性の問題が大きく関わることになる。

　つまり、棚卸資産の費用配分に関わる人為性は、会計記録を通じて、写像としての損益計算書上の売上原価と貸借対照表上のデータ、それぞれの姿に影響を及ぼし、結果としての損益計算にも関わることになる（図表6－5）。

【売価還元法の計算】

（会計の規定）

$$原価率 = \frac{期首繰越商品原価 + 当期受入原価総額}{期首繰越商品小売額 - 当期受入原価総額 + 原始値入額 + 値上額 - 値上取消額 - 値下額 - 値下取消額}$$

（法人税法の規定）

$$原価率 = \frac{期首繰越商品原価 + 当期受入原価総額}{売上高 + 期末繰越商品売価}$$

　これを前提とすれば、会計方針に関する私的会計選択では、代替案の継続的適用が前提されているとはいえ、棚卸資産の過大計上等のような「利益マネジメント」にかかる機会主義的行動がとられる可能性も存在することとなる。

　こうした企業行動には、時代ごとのビジネス環境等の条件に基づくトレンドも関わり、また、基準設定にもグローバルな潮流のなかで様々な会計思考が採られる可能性を持つ。

　会計基準上許容される代替案の範囲は、こうした企業行動や基準設定動向を織込み今後も変更される可能性を持っているのである。

（d）棚卸資産の会計③：棚卸資産の期末評価

　仕入活動から販売活動までの間の保有期間において、会計描写上、大きな論点となるのが棚卸資産の期末評価である。

　棚卸資産の費用配分を通じて、売上原価（図表6－4のc）と期末商品棚卸高（同図表のd）が決定されることは既に述べた通りである。しかし、これは継続記録法によって記録された取得原価データに着眼して行われる手続きである。そのため、2つの点で問題が存在する。

　ひとつは、記録と実地棚卸高との間に生じる数量面の差異の把握に関わる問題であり、いまひとつは、市場での価格形成との間に生じる価格面の差異の把握に関わる問題である。

図表6－5　払出単価の仮定計算に基づく棚卸資産の費用配分

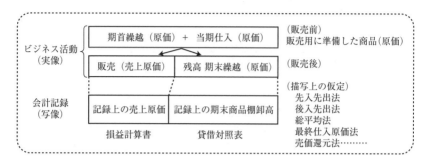

　前者の数量面の差異の把握に関わる問題は、「棚卸減耗損」という勘定によって認識・測定される。

　具体的には、実地商品棚卸数量が、継続記録法で記録された期末商品棚卸数量に満たない（不足する）場合、その不足分を算定して、帳簿価額から切り下げる処理が行われる（図表6－6ⓑ）。

　この「棚卸減耗損」が毎期正常な範囲で発生するものである場合には、原価性があるものとして、売上原価または販売費に含め、売上に対応させ表示する。

　しかし、異常な要因に基づく等、原価性がない場合には、臨時損失のひとつとして特別損益に計上する（金額が僅少である場合は、営業外費用に含めることができる）。

　後者の価格面の差異の把握に関わる問題は、「商品評価損」によって認識・測定されるものと、金取引市場等を想定した「トレーディング目的の棚卸資産にかかる評価損益」として認識測定されるものがある（企業会計基準第9）。

　従来は、帳簿価額を下げる要因には、品質等の低下、商品力の後退等が措定されていたが、近年の経済情勢等に基づいて、市場の価格変動もこれに加えられるように基準設定が変容してきたのである。

　商品売買取引は、市場において日々行われるものであり、そこでの価格形成も市場参加者の関わりから変動する性質を持っている。

　したがって、そのような市場価格の変動を、会計情報としての期末の商品棚卸高のデータにも反映するべきであるか否かが、ひとつの論点として浮かび上がってくるのである。

　商品のように販売目的で保有する棚卸資産の市場価値（時価）が、取得価額よりも下落する場合、販売活動によって得られるキャッシュフローにも影響が及ぶ可能性が高い。そのため、帳簿価額を、下落した時価まで切り下げて「棚卸評価損」を計上する必要がある（図表6－6ⓐ）。

　この場合の時価については、原則として「正味売却価額」であるが、原材料の場合には継続適用を条件に「再調達原価」を認めている。

　この帳簿価額の切り下げ額については、売上原価あるいは製造原価として計上されることとなる。ただし、災害等のように臨時的で多額に上るものについては特別損失に計上する。

　棚卸資産の評価は個別品目ごとに行うのが原則であるが、継続適用を条件にグループ化し、そのグループ別に行うことも認められている。

　なお、この会計処理には、「切放し法」と、切り下げ前の評価額に振り戻す「洗い替え法」の2つがある。「洗い替え法」の場合には、棚卸資産の勘定を直接減額する方法（第一法）と棚卸資産の勘定はそのままにしておき、棚卸資産の評価調整勘定を用いて毎期調整する方法（第二法）がある。

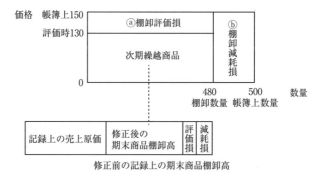

図表6－6　棚卸減耗損と棚卸評価損

例　①下記のデータに基づいて棚卸資産の期末評価を行う（三分法による）。

　　　帳簿棚卸高 500個 原価 @150円

　　　実地棚卸高 480個 時価 @130円

　　②翌期首に、前期末に計上した評価の切り下げ額を戻し入れた。

【洗い替え法の第一法：繰越商品の評価勘定を用いない場合】

①（借方）　棚 卸 減 耗 損　3,000　（貸方）　　　繰 越 商 品　12,600
　　　　　　棚 卸 評 価 損　9,600　　　　　　（評価切り下げ）

②（借方）　繰 越 商 品　9,600　（貸方）　棚卸評価損戻入　9,600
　　　　　（切り下げ額の戻入）

【洗い替え法の第二法：棚卸資産の評価勘定を用いる場合】

①（借方）　棚 卸 減 耗 損　3,000　（貸方）　　　繰 越 商 品　3,000
　　　　　　棚 卸 評 価 損　9,600　　　　　　棚 卸 評 価 引 下 額　9,600
　　　　　　　　　　　　　　　　　　　　　　（棚卸資産の評価勘定）

②（借方）棚 卸 評 価 引 下 額　9,600　（貸方）　棚卸評価損戻入　9,600
　　　　（棚卸資産の評価勘定を修正）

第3節　有　価　証　券

（a）有価証券の取得と区分

　企業会計では、証券取引所等において売買される、国債、地方債、公債、社債、株式等（金融商品取引法第2条1項に列挙されるもの）、および譲渡性預金証書等（これらに類似するもので活発な取引があるもの）に関わる取引を行った場合、有価証券という資産項目で捉えて、各種の「有価証券」勘定を用いて処理する。

　既に第5講で詳述したように、これら有価証券には、それぞれの取引市場が存在する。特に、株式市場および債券市場には、発行市場と流通市場とが存在しており、発行者側の立場からこれを捉える場合には、資金調達をどのように会計上描写するのかが問われる。

　一方、これを取得者側から見ると、資産の取得、保有、売却という一連の手続きに関わることになるから、資産会計を中心として、投下運用活動の視点から、これをどのように捉えるべきかを追求することが、主たる課題となる。

　有価証券の取得は、発行市場による場合、流通市場による場合、新株予約権等の行使権の行使による場合、その他（合併や企業再編、その他の要因）の場合と様々である。ここでは、購入の場合の処理を中心に説明する。

　有価証券の取得を企業会計において描写する視点は、基本的に、取得時点の認識と取得原価の測定の2つに分けることができる。

　まず、有価証券の取得時点に関しては、その性質に基づいて、原則として売買契約日を基準とする「約定日基準」による認識がなされる。ただし、約定日から受け渡しまでの間に生じる損益のみを先に認識・記録しておき、有価証券自体は受渡日に認識・記録する「修正受渡日基準」によることもできる。

　取得原価の測定は、「測定対価主義」の会計思考から、購入代価に付随費用（仲介手数料等）を加えた金額である。新規に同一銘柄を購入する場合には、平均原価法により、新たな取得原価を算定する必要がある。

有価証券には様々なものがあるが、会計上は保有の目的に応じて「売買目的有価証券」、「満期保有目的債券」、「子会社株式および関連会社株式」、「その他有価証券」の４つに分類している。

【売買目的有価証券】

売買目的有価証券は、日々の時価変動に基づく利殖を目的として保有する有価証券である。保有の結果どれ程のリターンを得られるのかは、購入時や保有時と売却時との間で生じる価格差に依存する。したがって、会計処理も基本的にはこの部分に焦点が当てられ「評価」が重視される。そのため、期末時価により評価し、「評価損益」を当期の損益計算に関わらせることとされる。

【満期保有目的債券】

満期まで保有することを目的として保有する社債や債権等は、この分類に含まれる。これについては、満期まで時価評価を行わないことから「評価損益」が生じない。ただし、債券の契約利率（クーポン・レート）と市場金利を織り込んだ債権の利回りを調整するため、発行時の金額を額面より割安に設定するケース等があり、そのような場合には、満期に返済する額面額を段階的に準備するため「償却原価法」が適用される。

【子会社株式および関連会社株式】

これは、他企業の支配等の目的で所有する有価証券であり、売買を目的としているわけではない。したがって、時価評価は行わないこととなる。

【その他有価証券】

この分類は上記３つの分類のいずれにも含まれないものである。「その他の有価証券」は、「市場価格のない株式等（市場において取引されていない株式や持分の請求権を生じさせるもの等）」と「それ以外のもの」に分けられ、異なった評価が行われる。「市場価格のない株式等」は、その性質上、取得原価による

評価が行われるが、「それ以外のもの」は時価評価し、貸借対照表の純資産の部に直接計上される（企業会計基準第10号）。

（ｂ）有価証券の期末評価

「売買目的有価証券」と「その他有価証券」は、期末時点でどの程度価値が変動しているかを確認するために評価を行う。売買目的有価証券は、次のように、評価替えを行い、評価損益を利益計算に算入する。

【売買目的有価証券の評価①：時価＞帳簿価額】

（借方）　売買目的有価証券　××	（貸方）　有価証券運用損益　××

【売買目的有価証券の評価②：時価＜帳簿価額】

（借方）　有価証券運用損益　××	（貸方）　売買目的有価証券　××

　一方、その他有価証券のうち時価評価を行うものに関する期末評価は、評価額と評価差額をスナップ・ショットとして描写し確認することが主な目的である。そのため、期末に評価差額を測定し表示する処理を一旦行った後で、翌期首において再振替仕訳を行い、「洗い替え法」によって評価を振り戻す処理が行われる。

　処理方法には、評価損益をすべて純資産の部に関わらせる「全部純資産直入法」と、評価益だけを純資産の部に関わらせておき、評価損については当期の損失として処理する「部分純資産直入法」の2つの種類がある。

【その他有価証券の評価①：時価＞帳簿価額】

（借方）　投資有価証券　××	（貸方）　その他有価証券評価差額金　××

【その他有価証券の評価②：時価＜帳簿価額】

全部純資産直入法の場合

（借方）　その他有価証券評価差額金　××　　　　（貸方）　　　投資有価証券　　　××

部分純資産直入法の場合

（借方）　投資有価証券評価損　××　　　　（貸方）　　　投資有価証券　　　××

例　当社が保有する持ち合い株（その他の有価証券）の下記データに基づい
て各期末の評価を部分純資産直入法で行う。

	取得価額	第1年期末時価	第2年期末時価
α株式	1,000	1,200	1,100
β株式	1,500	1,000	1,300

第1年期末

（借方）　投資有価証券評価損　500　　　　（貸方）　その他有価証券評価差額金　200
　　　　　　　　　　　　　　　　　　　　　　　　　　投資有価証券　　　300

※投資有価証券△300 ＝ 評価差額金の分200 － 評価損の分500

第2年期首（洗い替えの処理）

（借方）　その他有価証券評価差額金　200　　　　（貸方）　投資有価証券評価損　500
　　　　　　投資有価証券　　　300

第2年期末

（借方）　投資有価証券評価損　200　　　　（貸方）　その他有価証券評価差額金　100
　　　　　　　　　　　　　　　　　　　　　　　　　　投資有価証券　　　100

　満期保有の債券に関しては、評価損益（差額金）を知る必要はないので時価評価は行わないが、金利の調整目的等により額面と異なる価額で購入した場合には、社債発行側の処理と同様に、「償却原価法」によって満期までの間、帳簿価額を徐々に額面額に修正する調整処理が行われる。

　この処理方法に、「利息法」と「定額法」の2種類があることも、発行側の処理と同じである（第5講を参照）。

【満期保有目的債券】

（借方）	満期保有目的債券	××	（貸方）	有価証券利息	××

（c）有価証券の減損処理

　次の2つの場合において回復の見込みがない場合は、保有する有価証券の減損処理を行わなければならない（日本公認会計士協会、金融商品に関する実務指針）。

【有価証券の減損処理：①または②で回復の見込みがない場合】

①時価が著しく下落した場合（時価が把握可能な有価証券）

②実質価額が著しく下落した場合（時価の把握が極めて困難な株式）

　この「著しい下落」は、次のように把握される（同実務指針91-93）。なお、この「著しい下落」については価値の回復が見込まれないことから、会計処理は「切放し法」によって処理される。

【著しい下落の把握：いずれも回復の見込みがない場合のみ】

①の場合：個々の銘柄の有価証券の時価が取得原価に比べ50％程度以上下落すること（30％以上50％未満は文書化等された合理的な基準により判定）。

②の場合：1株当たりの純資産額（一般に公正妥当と認められる基準に準拠し

て作成された財務諸表に基づき、時価評価も加味して算出）が株式を取得した
時の状態に比べ相当程度下回ること。

第4節　直接計上費用の支出と見積り

（a）直接計上費用の会計

　ここまでは、投下運用活動のうち、商品をはじめとする棚卸資産と有価証券
について学んできた。これらは、主に、費用性資産として費用配分の原則に基
づいて費用計上される性質のものであり、その意味で資産との関わりから間接
的に計上される費用として捉えることできる。

　これに対し、ここで学ぶ諸費用（研究費、開発費、人件費、各種経費、その他）
に対する支出は、基本的にその費用に対する支出の金額を測定することに焦点
があり、その意味で「直接計上費用」ということができるだろう。

　とはいえ、これらは必ずしもすべてが一様の性質ではなく、費用の計上に
伴って支出（現金や預金等の資産の減少）が同時に生じるものもあれば、そうで
はないものも存在する。

　例えば、いわゆる「経費」と呼ばれる、「当期支出確定額に基づく費用」に
関しては、通常、現金等による支出が行われ、支払いが後日とされる場合には
「未払費用」が、先立って支払われる場合には「前払費用」が生じる。

【当期支出確定額に基づく費用と基本的な仕訳】

①広告宣伝費	⑥消耗品費
②交通費	⑦外注加工費
③旅費	⑧支払地代
④通信費	⑨支払保険料
⑤収入印紙・租税公課	⑩租税公課　　その他……

（借方）	○　○　費	××	（貸方）	現　　金	××
	（費用の発生）			（資産の減少）	

　また、費用のうちいわゆる「人件費」にかかるものには、当期支出額が確定するものだけでなく、見積もりによって費用たる支出が算定されるものも存在する。

　人件費は、企業が経営資源のひとつとして人的資源を利用することで生じるコストであり、費用負担額の大きさをみても重要性が高い。具体的には、従業員等から労務の提供を受けた場合に支払う「対価としての労働報酬」をいい、次の①から④のようなものが存在する。

【労働報酬の種類】
①賃金・給与
②賞与・役員賞与
③退職金・企業年金等
④その他（「新株予約権」の一種であるストックオプション）

　これらのうち、当期支出確定額に基づく費用支出を行うものは①だけである。②および③は、後述の「引当金」という会計処理によって「将来支出見積額に基づく費用」を一旦計上し、支出自体は後日なされる、という処理が行われる。

　なお、④は、新株予約権の一種であるオプションの行使権を労働報酬の対価とする処理である。

　要するに、直接計上費用の会計には、「当期支出確定額に基づく費用」と「将来支出見積額に基づく費用」の2つがあるのである。

　なお、繰延資産を認められる項目にかかる支出は、もともと費用であるから、この直接計上費用に属するものであるが、既に述べたような繰延資産の趣旨によって費用性資産として擬制計上しておき、期間配分するという手続きを

採ることを認めているものと捉えられる。

（b）引当金による将来支出見積額の費用計上

　企業会計で費用にかかる将来支出額を見積る場合、「引当金」という会計処理が用いられることが多い。この「引当金」は、期間損益計算を適正に行うという会計思考に基づき、次の４つの要件を満たした場合に限り設定が認められる項目である。

【引当金設定の４要件】

・将来の特定の費用または損失である。

・その発生原因が当期または当期以前の事象に由来している。

・発生の可能性が高い。

・合理的に見積ることが出来る。

　引当金処理の基本メカニズムを説明すると次の通りとなる。

　まず、当期に帰属する費用額を見積り、それを費用勘定の借方に計上する。しかし、この費用に対応する現金支出等（純資産の減少）は将来行われるため、当期には貸方計上ができない。そこで、この現金支出を将来の義務として明確化するため、引当金という項目を同額分設定して、負債勘定の貸方に計上する。この結果、仕訳では引当金と費用が両建て計上されることになる。

【当期費用の計上と引当金の設定】

（借方）　○○引当金繰入　　×× （当期費用の見積り計上）	（貸方）　　○○引当金　　×× （将来の支出に対する義務：負債の計上）

　引当金として計上された義務は、翌期以降、実際に支出が行われて純資産が減少する時点で同額分が解消する。そのため、当該分の引当金を取崩す処理が行われる。

```
（借方）　　○○引当金　　　××　　　（貸方）　　現　　　　金　　　××
　　（支出による義務の解消：負債の減少）
```

　上記2つの仕訳を連続して見ると、引当金の設定と取り崩しの手続きを媒介として、結局は、通常の費用計上と同様に、借方には費用が、貸方には純資産の減少がそれぞれ記録されていることがわかるだろう。

　ここでは、この引当金メカニズムを用いて、賞与と退職給付に関する費用計上が具体的にどのように行われるのかを説明する。

　まずは、「賞与引当金」である。「賞与引当金」は、労働契約において、一定期間ごとに支払う定めをしたことで生じる労働報酬である。企業は、この「条件付債務」にかかる定期的な将来支出に備え、資金を準備しなければならない。

　そこで、賞与額を予め見積り、その費用を、「引当金」の会計処理を用いて処理する。この処理を示すと、次のようになる。

　例　期末（×1年3月31日）に際し、6月末日に従業員に支給する予定の賞与600,000（12月から5月勤務に基づく額）と見積り、このうち当期負担額を月割りで賞与引当金に計上した。

```
（借方）　　賞与引当金繰入　　400,000　　　（貸方）　　　　賞与引当金　　　400,000
　　（将来支出見積額に基づく費用）　　　　　　　　　　　（賞与支給の義務の増加）
```

　例　×1年6月30日、夏期賞与600,000を現金で支給した。

```
（借方）　　賞与引当金　　　400,000　　　（貸方）　　現　　　　金　　　600,000
　　　　　　賞　　与　　　　200,000
　　（上：引当金取崩し、下：今期負担額）
```

次に「退職給付引当金」である。退職給付は、企業が、労働協約に基づき設置した退職給付制度に基づいて支給する、退職一時金、企業年金等の退職にかかる給付である。企業は、この条件付債務にかかる将来の退職給付支給額に対しても賞与の場合と同様に備え、資金を準備しなければならない。

しかし、退職給付には次の点で賞与の場合とは異なる特徴がある。

【退職給付引当金の計算に際し考慮を要する事項】

a 退職までの非常に長い勤務期間を給付資金の準備に充てるため、その計算において「時間価値」と「条件の変化」を考慮しなければならない。

b 企業が設置する退職給付制度は多様であるため、その企業が設置する制度ごとに異なる債務額（企業の責務）を把握しなければならない。

c 退職給付の資金準備は、「掛金拠出」だけでなく、「資産運用」を通じても行われるので、運用のリスクとリターンを反映させなければならない。

d 様々な数理計算で生じる計算上の差異も調整しなければならない。

退職給付費用の計算は、次のように行われる（企業会計基準第26号）。

まず、退職給付総額を、昇級率等の各種の「条件」に基づいて算定し、それを費用配分の原則に基づき発生基準で期間配分する（勤務費用の認識）。

次に、この配分額の退職までの「時間価値」を考慮し、「割引現在価値」を求める（「勤務費用」の測定）。この際、割引いた分は、次年度以降、順次コストとして発生していくことになるため、その都度復元しコストに加算する（「利息費用」の認識・測定）。

将来支出費用としての退職給付債務は、実際には運用活動のパフォーマンスの良否によって増減することがある。したがって、当該パフォーマンスとして期待される額を、コストの減額要因として差し引く（「期待運用収益率」の算定・減額）。

以上により、各期の退職給付費用は、次の式で算定され、引当金処理によって計上されることとなるのである。

【退職給付費用額の基本的な算定式と仕訳】

退職給付費用＝　勤務費用　＋　利息費用　－　期待運用収益

（借方）　退職給付費用　　×× 　　　　　（当期費用）			（貸方）　退職給付引当金　　×× 　　　　　（企業の責務）	

　しかし、企業の負担すべき退職給付コストはこれ以外にも存在する。

　上記で示したbのなかでも、退職給付制度の支給水準の変更等の大きな条件変化がある場合（「過去勤務コスト」）と、dの「数理計算上の差異」が、この算定式では考慮されていないからである。これらは、将来の退職給付債務のうち、上記算定式で求めた期間費用では賄われていない額を表している。

　上記の会計基準では、これらのコストについて、個別財務諸表と連結財務諸表とで処理を別々に規定している。

　すなわち、個別財務諸表にかかる通常の記帳処理では、これらのコストについて算定後、一旦簿外処理しておき、従業員の平均残存勤務期間内の一定期間で按分し、期間配分している。このような処理は「遅延認識」と呼ばれ、認識されていない部分は依然簿外となり、ストックの計算にビルトインされない状態となる。

　この点を補うため、連結財務諸表による情報開示では、連結仕訳において次の仕訳を行い、退職給付債務の積立状況にかかる会計情報を示すこととしている。この際に用いられる勘定は、「退職給付にかかる負債（退職給付債務総額）」と、「退職給付にかかる調整額（積立不足等）」である。

　このうち「退職給付にかかる調整額」は将来のコスト負担分に関する「現時点の姿」、すなわちスナップ・ショットであるから、連結財務諸表上「その他の包括利益累計額」の項目として計上され、会計情報として示されることになる。

（借方）　　退職給付引当金　　××　　　（貸方）退職給付にかかる負債　×× 　　　　　　退職給付にかかる調整額　××

　退職給付コストが、このような形で測定され期間配分されるようになったの
は、もともとは合衆国で1985年に設定されたFASBの会計基準（SFAS87号）
からのことである。しかし、制度の多様性や、各国の会計実務の違い等に起因
して、グローバル化は難航している（例えば、積立不足のリサイクリングの可否
の問題等が存在する）。

問題1　棚卸記録法と継続記録法を比較し、簡潔に説明しなさい。

問題2　売価還元法について、簡潔に説明しなさい。

問題3　棚卸資産の期末評価について、説明しなさい。

問題4　有価証券の4つの区分の違いについて述べなさい。

問題5　有価証券の減損処理を説明しなさい。

文 献 研 究

1 連続意見書第四の背景にある基準設定の思考を理解する

（番場嘉一郎『棚卸資産会計』国元書房、1963年。）

　索引まで含め、1239頁に及ぶ、棚卸資産会計に関する大著である。そのうえ、あらゆる論点が十分に整理された上で網羅されており、それぞれの会計処理や会計代替案がどのような会計思考から導き出されているのか、明確に理解することができる。

　例えば、グローバルな潮流を背景として、近年、低価基準が棚卸資産の会計にも取り入れられたが、本書では、半世紀も前の「連続意見書第四号の公表当時」に、その議論に要される論点を低価主義の検討という視点から113頁にもわたり丁寧に行なっている。

2 退職給付会計基準の形成プロセスを理解する

（中村文彦『退職給付の財務報告』森山書店、2003年。）

　現在の日本の退職給付会計は、会計ビッグバンにおいてグローバル化の潮流を織り込んで設定されたものである。しかし、この会計基準の源流をたどれば、それが合衆国のFASBの会計基準であることに気づく。

　本書は、こうした視点から、合衆国で退職給付会計が現制度を築くまでの過程と、日本の退職給付会計が会計ビッグバンで変容するプロセスを、ファイナンスの視点も織り込みつつ、企業システムという視点から比較考察している。

第7講

投下運用活動（2）：固定資産

第1節　本講の焦点

　企業が、事業活動のなかで行う資金の投下・運用活動のなかには、比較的長期にわたって正味キャッシュフローの獲得に貢献し、企業価値を高めるものが存在する。

　このうち、企業会計では、認識・測定の方法が既に確立しているものだけを「固定資産」というカテゴリーに属するものとし、それ以外、すなわち、認識・測定の方法が確立していないものについては、「無形資産」という雑駁とした概念のなかで把握するにとどめている。したがって、今後、それらのうちから「認識・測定の方法を確立するもの」が生じてくれば、企業会計の扱う領域が漸次拡大し、このカテゴリーに変化をもたらす可能性もある。

　現在のところ、固定資産には、有形固定資産、無形固定資産、投資その他の資産という分類が設けられている。

　「有形固定資産」とは、建物、備品、車両運搬具、土地等のように、企業のビジネス活動に、少なくとも1年以上の期間にわたって用いられて、収益獲得に貢献する「物理的形態を有した資産」をいう。

　「無形固定資産」とは、特許権、借地権、商標権、のれん等のように、これを所有することによって、企業が経済的便益を得ることが可能となる「物理的

形態を持たない資産」をいう。

　「投資その他の資産」とは、他企業の支配・長期的関係の維持・長期的な利殖等の目的で保有する財務的・金融的な資産や、長期前払費用等をいう。

　いずれも、他の資産と同様、資金の循環プロセスに沿って、取得（支配獲得）、保有（利用）、売却（処分・他の主体への支配の移転）という、3つの姿を捉え得るが、長期という点から棚卸資産等とは異なる視点が関わることになる。したがって、これらを織り込みつつ、ステークホルダーの情報ニーズに合わせてどのように描写ルールを構築するかがこの会計領域の主たる課題となる。

第2節　有形固定資産の会計処理

（a）有形固定資産

　企業会計において有形固定資産として処理されるのは、建物、構築物、機械設備、船舶、車両運搬具、工具・器具・備品、土地等のように、企業のビジネス活動に、少なくとも1年以上の期間にわたって用いられ、収益獲得に貢献する「物理的形態を有した資産」である。

　企業会計でこれらを描写するルールを設定する際は、次の3つの側面に焦点が当てられる。

【有形固定資産の3つの側面】
　①当該資産を取得（支配獲得）するのに要した対価（支出額）
　②当該資産の使用（利用）期間における生じる価値や数量の減少
　③当該資産の企業価値への役立ち（正味キャッシュフロー獲得能力）

　これらのうち、①は「投下資金とその資金回収」に着眼する（主に債権者の）視点、②は使用（利用）に供される資産の価値が「どれだけの期間持続するか」ということに着眼する（主に企業・経営者側の）視点、そして、③はその資産

への投資をひとつのプロジェクトと見立て、「当該投資プロジェクトを通じて正味キャッシュフローがどれだけ増加しどれほど企業価値が高められるか」ということに着眼する（主に投資家の）視点に、それぞれ結びつけることができる。

　これを前提とすると、会計基準設定では、取得（支配獲得）、保有（利用）、売却（処分・他の主体への支配の移転）の各段階において、上記3つの側面を関連づけながら明確に表現するための「適切なルール」が、基本的に模索されることになる。

　しかし、ここで問題となるのは、有形固定資産の場合、営業活動に使用（利用）する期間が長期にわたるため、そうした適切な方法を見出すことが難しいということである。

　例えば、①で焦点を当てられているのは「取得時点における対価」であるが、これは使用（利用）開始当初の価値のみを表し、②のように時間経過後の価値とは日々乖離する関係となるため、これを長期的に捉える場合にはこの乖離が大きいものとならざるを得ない。

　同様に、①は使用（利用）開始時点の「市場の集約情報」たる「取引価格」を表しているが、これをもって、日々変化する③の市場価値や投資価値を、長期的な視点から表現し続けることは難しい。

　また、老朽化しながらも定期運行し続ける路線バスのように、長期間の使用による物理的な価値低下が存在していても、乗客の運搬能力に問題が生じない程度の機能性が維持される状態であれば、キャッシュフロー獲得力には影響が及ばないため、②と③の関連性について必ずしも見出せないことになる。

　このように、長期的な視点に立つと、棚卸資産の場合とは異なり、上記の3つの側面における特性がそれぞれ強調されてしまうため、これらを同時に会計情報として表現することが難しくなるのである。

　この点について、従来の会計基準では、②の「価値の減少」という側面と①を「費用化」するという側面に一定の関係性・共通性を見出すことによって、解決を図ってきた。

すなわち、資産の取得に要した金額（取得原価）を、使用（利用）期間にわたり一定の方法に基づいて償却（費用配分）する手続きを軸とすることによって、まずは①と②を同時に表現し、その上で、③を帳簿価額の「減損」処理を行う際の「追加的な判断基準」として利用する処理方法を採用してきたのである（企業会計審議会、企業会計原則および固定資産の減損に係る会計基準、ASBJ、固定資産の減損会計に係る会計基準の適用指針第6号）。これによって、企業経営に長年利用されてきた、「減価償却を利用した自己金融」の効果も表現され得る制度が、ひとまずは構築されているといえるだろう。

このような背景から、有形固定資産は、基本的に、「償却資産」（価値が減少する資産）と「非償却資産」（価値が減少しない資産）とに分けられ、前者はさらに、（狭義の）「償却資産」（後述の減価償却の対象となる資産）と「減耗資産」（採取によって数量的に減少し、最終的には枯渇する天然資源）とに分られて、それぞれ会計処理が定められている。

なお、「建設仮勘定」は、建設・製造途上の有形固定資産に対して用いる勘定であり、完成後は本来の有形固定資産勘定に振替られるため、償却は行わない。

【有形固定資産】

1.償却資産

① 建　物　　　　建物本体および附属設備（給排水設備、冷暖房設備等）

② 構築物　　　　舗装道路、橋梁、立体駐輪場、土地に定着した設備等

③ 装置機械　　　製造加工機械、土木建設機械、運搬設備、印刷機械等

④ 船　舶　　　　船舶（貨物船、タンカー等）、水上運搬具等

⑤ 航空機　　　　飛行機、ヘリコプター、グライダー

⑥ 車両運搬具　　陸上運搬具（鉄道車両、自動車）

⑦ 工具器具備品　電子計算機（PC、その他）、複写機、医療機器等

2.減耗資産　　　鉱山、油田、山林等

3.非償却資産　　土地、美術品等

4.建設仮勘定　　　建設・製造途上の建物や機械装置等の有形固定資産
　　　　　　　　　　　（完成まで利用され、完成後は本来の勘定に振替えられる）

（b）有形固定資産の取得①：5つの取得方法

　既に述べたように、現行の会計基準において、有形固定資産の取得原価は、費用配分の原則に基づいて各期の費用となり損益計算に関わる。このため、有形固定資産の取得原価を、どのように認識・測定するかという問題は、単にストック・ベースの勘定の変動とその期間損益に関わる測定問題というだけではなく、フロー・ベースの期間損益を考える上でも、非常に重要な問題となる。

　有形固定資産の取得方法には、①購入、②自家建設（自社の有形固定資産にかかる建設・製造工事）、③現物出資、④交換、⑤贈与が存在する。

【有形固定資産の取得方法①：購入の場合】

　企業が有形固定資産を購入によって取得した場合には、基本的に、「測定対価主義」の視点に基づいて、「購入代価（購入時の対価）」に「付随費用」を加えて取得原価とすることとされている（企業会計原則第三・五・D）。ただし、重要性の原則が適用され、重要性が乏しいものは含まれないこととなる。

　購入時にかかる付随費用には、次のようなものが存在する。

**　有形固定資産購入時の付随費用**
　　a　企業の外部で生じるコスト（引取運賃、買入手数料、関税等）
　　b　資産を使用可能な状態にするまでにかかるコスト（据付費、試運転費等）

　なお、購入に際して値引き・割戻しを受けた場合は、当該金額を取得原価から減額する（連続意見書第三・四・1）が、早期支払いによる割引を受けた場合には、金利的な性質を有するため「営業外収益」として処理しなければならない（財務諸表等の用語、様式及び作成方法に関する規則第90条）。

【有形固定資産の取得方法②：自家建設の場合】

　棚卸資産と同様、自社で有形固定資産を建設・製造した場合、適正な原価計算基準（原価計算基準）に準拠して算定された製造原価が取得原価となる。

　原価計算基準では、借入金で自家建設を行った場合、基本的に利息コストを製造原価には算入せず、「期間費用」として扱うこととされる。しかし、借入金と取得資産が明らかに結びつく場合には、例外的に、完成から使用までの期間に限って算入し得ることとされる（連続意見書第三・四・1）。

【有形固定資産の取得方法③：現物出資の場合】

　株主からの現物出資により受入れた有形固定資産には、取得原価の評価基準となり得る測定値が2つ存在する。

　ひとつは、出資者から受入れた「有形固定資産の公正な評価額」である。いまひとつは、対価として出資者に交付された「株式の公正な評価額」である。

　企業は、この2つの候補のうち、より高い信頼性をもって測定可能な数値を取得原価として採用することとなる（企業会計基準第8号）。

【有形固定資産の取得方法④：交換】

　交換の場合には、①受入れた資産の時価、②交換に供された自己資産の帳簿価額、③交換に供された自己資産の時価、の3つが測定値として存在する。

　現行の基準では、②をもって取得原価とする立場をとり、交換に供された自己資産の適正な簿価、あるいは、交換時に交付した株式や債券の時価又は適正な簿価をもって取得原価とすることとされる（連続意見書第三・四・1）。

【有形固定資産の取得方法⑤：贈与】

　贈与の場合には、①取得の支出額（ゼロ）を基準とする見解と、②受け入れ資産の公正な評価額とするという見解が存在するが、現行の会計基準では、公正に評価した額をもって取得原価とすることとされる（企業会計原則第三・五・Fおよび連続意見書第三・四・1）。

（c）有形固定資産の取得②：圧縮記帳

　上述した5つの有形固定資産の取得方法のうち、特に、「交換」および「贈与」の2つの方法には「圧縮記帳」という処理をめぐる論点が関わる。

　「圧縮記帳」とは、企業が取得した有形固定資産について、その取得財源が調達資本や稼得資本では無い場合に、一定の基準を満たす条件の下で例外的に認められる資産の減額処理（記帳方法）である。

　例外に位置付けられているのは、主として、次の2つの理由による。

　ひとつは、財源をどのように位置付けるべきかという問題の存在である。これは、財源が調達資金や稼得資本では無いことから、当該取引を資本取引に位置付けるべきかそれとも損益取引に位置付けるべきか、見解が分かれているのである。

　もうひとつは、その効果の表示に関する問題の存在である。圧縮記帳が行われると当該有形固定資産の取得原価がそれだけ減額され、減価償却にも反映されない。したがって、補助金等の財源が企業にどれだけの優位性をもたらしたのかが会計情報として表示されないという問題が生じるのである。

　ここでは、①土地や建物等の「交換差益」、②財源が保険金の場合の「保険差益」、③国庫補助金をとり上げる。

　「交換差益」は、土地や建物を交換した場合に、取得した土地や建物の価額が、譲渡した土地や建物の帳簿価額を上回ることで生じる差益である。

　交換取引は、基本的に等価を基準として行われるため、本来は利益が生じないが、土地や建物の市場価値の変動性等に基づいて利益が生じる場合がある。

　そこで、その差益のうち用途や種類が同一であるという条件を満たすものについては、当該差益の圧縮記帳を認めるのである（法人税法第50条一）。

　「保険差益」は、火災等で滅失した有形固定資産に保険を付してあった場合において、後日交付された保険金が、滅失した当該有形固定資産の帳簿価額を上回ることで生じる差益である。この「保険差益」については、従来、評価替資本に分類されていたが、現在では利益剰余金として扱われている。

　こうした保険金は、通常、滅失財産と同等の財産を買い換えることに利用さ

れることを措定して交付されるものであり、本質的には利益は生じていないはずである。そこで、法人税法では、こうした要因を考慮して圧縮記帳を認めている（法人税法第47条）。

「国庫補助金」は、有形固定資産の購入に際して、国や地方自治体から資本助成として交付を受けた補助金のことをいう。これについては、これまでの過程において資本取引説（資本説）と損益取引説（利益説）が分かれていることを既に述べたが、近年では、企業解散時の分配財源とされる等の根拠により、後者のほうが有力になってきている。

法人税法においては、この「国庫補助金」に関しても、圧縮記帳を認めている（法人税法第42条および第43条）が、企業会計上は、「積立金」方式と呼ばれる会計処理のほうがグローバル化の視点からも適合性があり望ましい。

これは、圧縮記帳では減額される有形固定資産額を減額せず、一旦繰延利益として計上し、同時に処理にかかる圧縮積立金（利益剰余金勘定）を計上することで、減価償却に合わせてこれを取り崩していく方法であるため、補助金の役立ちが会計情報として描写されるのである。

例　新型ウイルスのワクチン製造のための設備資金として、政府から40,000の補助金の交付を受け、これを用いて60,000の有形固定資産を購入し、残額を小切手を振出して支払った。

設備の減価償却を定額法で行う（耐用年数4年、残存価額ゼロ）。

圧縮記帳方式

取得時	（借方）機械及び装置	60,000	（貸方）	国庫補助金受入益		40,000
				当座預金		20,000
	固定資産圧縮損	40,000		機械及び装置		40,000
期　末	（借方）固定資産減価償却費	5,000	（貸方）	減価償却累計額		5,000

※減価償却費　＝　20,000 ÷ 4　＝　5,000

積立金方式

取得時	（借方）機械及び装置	60,000	（貸方）	国庫補助金受入益	40,000
				当座預金	20,000
決末積立時	（借方）繰延利益剰余金	40,000	（貸方）	圧縮積立金	40,000
期　末	（借方）固定資産減価償却費	15,000	（貸方）	減価償却累計額	15,000
	圧縮積立金	10,000		繰延利益剰余金	10,000

※減価償却費　＝　60,000 ÷ 4　＝ 15,000
※圧縮積立金　＝　40,000 ÷ 4　＝ 10,000

〜〜〜〜　国立大学法人会計の運営費交付金の会計処理　〜〜〜〜〜〜〜〜〜

　国立大学は、2004（平成16）年4月に国立大学法人へ移行し、これと同時に、国立大学法人会計も開始された。

　国立大学法人では、資本金を基礎に据え企業会計方式を導入しているが、その財政基盤が、運営費交付金等の財源措置に大きく依存していることから、企業会計とは異なる会計処理が採用されているものもある。その代表的なものが「運営費交付金」の処理である。

　これは、基本的に運営交付金（財源措置：補助金）を大学の運営活動の良否に関わらせない（大学の運営の巧拙に財源措置は中立となる）「損益均衡」の会計思考に基づき、「債務化」「債務の振替」「収益化」という処理をとり入れ、減価償却の過程も含め、その全貌を開示するため工夫を行なっている。

①まず法人は、運営費交付金を受入れた時点で「債務化」という処理を行う。

(借方)	現　　金	××	(貸方)	運営費交付金債務	××
	(交付金の受入れ:資産の増加)			(運営費交付金に対する履行義務)	

②財源で償却資産を購入した場合、その額の分だけ資産見返債務に振替える。

(借方)	建　　物	××	(貸方)	現　　金	××
	運営費交付金債務	××		資産見返債務	××
	(運営費交付金履行義務の消滅)			(債務の振替:建物の見返勘定)	

③財源で費用を支出した場合、その効果を「収益化」して損益を均衡させる。

(借方)	消　耗　品	××	(貸方)	現　　金	××
	運営費交付金債務	××		運営費交付金収益	××
	(運営費交付金履行義務の消滅)			(収益化:消耗品との損益均衡処理)	

④期末に償却資産の減価償却を行う。

(借方)	建物減価償却費	××	(貸方)	建物減価償却累計額	××
	資産見返債務	××		資産見返債務戻入	××
	(減価償却履行に伴う見返勘定の消滅)			(減価償却費との損益均衡処理)	

~~~~~~

(d) 有形固定資産の取得③：資産除去のコストの取得原価算入

　近年では、これ以外に「資産除去のコスト」を認識・測定し、取得原価に加えることで、ステークホルダーに対する会計情報を充実させる動きもある。

　この「資産除去のコスト」を債務側から捉えた概念が「資産除去債務」であるがこれは、固定資産の取得者に対し課される法律上・契約上の義務である。

　具体的には、原子力発電設備や鉱山のように、その固定資産の使用（利用）期間終了後に資産の解体除去や原状回復等が強制されている場合の負担コストを表している（企業会計基準第18号、企業会計基準適用指針第21号）。

【資産除去債務の算定】

①資産除去にかかる将来コストの現在割引価値の算定

　有形固定資産の取得の時点で、将来の「資産除去にかかる将来コスト」を「割引現在価値」によって算定し、その上で、次の②および③の2つの計算を順次行う。

②費用の期間配分

　次に、（①）の金額を、取得原価に加える（認識・測定）ことにより、当該固定資産にかかるトータル・コストを「支出ベース」で求め、さらにこれを「費用配分の原則」に基づき期間配分し損益計算に関わらせる。

③資産除去債務の計上

　さらに、（①）の金額を、資産除去を履行する義務（債務）の割引現在価値と捉えて、これを負債に計上し、その上で、実際の義務履行までの期間で、割引かれた債務を、毎期発生ベースによって順次復元させ、割引前の数値を帳簿上に表す。

④資産除去の履行と債務の消滅

最終的には、履行と同時に当該債務は消滅する（差額は決済する）。

（e）保有中の処理①：資本的支出と収益的支出

　企業は、有形固定資産を保有して使用（利用）し続けるなかで、当該有形固定資産に対して追加的に金銭を支出する場合がある。これには、主に2つの場合が存在する。

　ひとつは、その有形固定資産の価値を維持するために行った修理や補修に対する収益的支出である。この支出額は「修繕費勘定」（費用の勘定）によって処理するため、当期の期間損益計算に関わる費用となる。いまひとつは、その固定資産の価値を増加させる目的や耐用年数を延長する目的で行った「資本的支

出」である。資本的支出の場合、有形固定資産の取得原価に加算する処理を行うため、使用期間に「減価償却」を通じて費用として配分されることになる。

（f）保有中の処理②：有形固定資産の費用化（減価償却）

企業は、有形固定資産を利用する間、各事業年度の期末時点等において、当該有形固定資産の「減価償却」を行わなければならない（企業会計原則第三・五）。

「減価償却」は、営業活動への使用に伴って有形固定資産が次第に「減価」するという現象に着眼し、「測定対価」として取得（支配獲得）時点当初において認識・測定した「取得原価」を、利用する各期間に費用配分（償却あるいは費用化）する会計処理である。

有形固定資産の「減価」には基本的に2つの種類が存在する。ひとつは「物理的減価」である。有形固定資産は、棚卸資産とは異なり、収益獲得過程で物理的数量は減少しないが、土地を除く有形固定資産については、使用や時の経過に伴って物理的価値が次第に減少する。いまひとつは「機能的減価」である。これは、有形固定資産の陳腐化や不適応化等により生じる「減価」である。

企業会計では、有形固定資産の役立ちを、これら「減価」に合わせて、人為的に費用として期間配分し、それを会計情報として描写するのである。

図表7-1には、残存価額がゼロの場合、取得原価すべてが毎期の減価償却によって次第に「費用化」される基本的なメカニズムが表現されている。

この図表を用いて手続きを説明すると次のようになる。

【減価償却の手続き】

減価償却は、基本的に次の手続きにより行われる。

① 当期中の価値減少額（当期の減価額）を把握し、配分計画を立てる。

　　a まず、償却（計画）の基礎となる「取得原価」を把握する。

　　　（図表の「取得原価」は、購入代価に付随費用を加え算定されている。）

　　b 次に、「耐用年数」等（配分基準）を決定する。

図表7－1　減価償却による費用配分のメカニズム

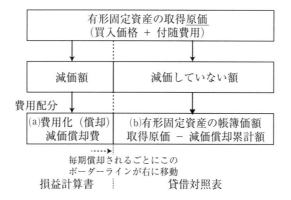

（「利用度」もあるが将来の総利用可能量を予め推定するのは困難。）

c 同様に、（計画される）「残存価額」を決定する。

（利用後の売却価額や利用価値を予め見積もり決定する。）

※ 実務上、法人税法上の規定に基づく企業が多い。

d その上で、（計画に基づいて）当期の「減価額」を算定する。

② 当期の減価額分を、有形固定資産の取得原価より減少させる。

「減額」の処理には2つ方法がある（図表は間接法を採用している）。

直接法　有形固定資産の「減価額」を、毎期直接減額し続ける。

間接法　「減価額」を、減価償却累計額（評価勘定）に計上する。

「有形固定資産」と「評価勘定」を比べ未償却残高（b）を把握する。

③ 当期の減価額分を、費用として計上する。

取得原価の一部が費用として各期間に配分される。

図中では（a）が費用配分額となる。

図表7－1に示されるように、「減価償却」を（当初の計画に従って）毎期継続することで、貸借対照表に計上される有形固定資産の未償却残高（帳簿価額）

は次第に減少し、残存価額の設定がなければ、最終的にはゼロとなる。

【減価償却の計算方法：費用配分額の計画】

　減価償却は、計画に基づいて費用配分を行う方法である。そのため、上述の「取得原価」「耐用年数」「残存価額」という３つの計算要素を用いて、減価償却の計画を適切に立案し実行しなければならない。

　しかし、これ以外に、各期の減価償却費用額を耐用年数にわたってどのように割り当てるのか、という重要な点について事前に決定する必要が存在する

　下記に示されるように、この計算方法は様々であり、その選択によって費用額は変わる。一般に有形固定資産は投下額も大きいため、その選択次第では、期間損益をはじめ、会計情報に描き出される姿もさらに異なるものとなる。

　無論、こうした違いは、耐用年数を通じて解消されるため、全体としての有利不利は存在しないが、短期的には、計算額の異なる複数の代替案が提示されることで、本質的には、利益マネジメント等の機会主義的行動を企業が私的選択を通じて採り得る仕組みであるといえる。

　なお、減価償却について実務上は、徴税者側の論理に基づいて定められる法人税法の規定が、史的に重要な役割を担ってきている。

　これは、企業会計上における減価償却制度の精緻化と、法人税制における減価償却の整備とが、相互に影響を持ちながら、長い間、鋭意進められてきた結果を表しているといえるだろう。

　こうした背景に基づいて、実務において多くの企業は、財務省の「減価償却資産の耐用年数等に関する省令」に従ってこの処理を行っているのである。

　以下では、次の設例に基づいて減価償却の各方法の違いを説明する。

　例　取得原価500,000、耐用年数10年の備品について減価償却を行う。

　①定　　額　　法
　定額法は、毎期一定の減価償却費を、耐用期間にわたって配分する方法であ

り（下記の算定式で表すことができる）、設例の毎期の減価償却費は、残存価額がないため、次のように算定される。

> 減価償却費　＝（取得原価－残存価額）÷ 耐用年数

設例の毎期減価償却費		取得原価		残存価額		耐用年数
50,000	=	（500,000	–	0	）÷	10

②定　率　法

これは、毎期末の未償却残高に一定率を乗じ算定する方法である（下記の算定式で表すことができる）設例の毎期の減価償却費は次のように算定される。

なお、税法では2012年4月1日以降に取得した有形固定資産の償却率を下記のように定めている（初年度の償却額が定額法の2倍であるため200%定率法と呼ばれている）。

> 減価償却費＝未償却残高　×　償却率
>
> 2012年以降の償却率＝1 ÷ 耐用年数 × 倍率（2.0）　※ 従来の償却率＝1－$\sqrt[耐用年数]{\dfrac{残存価額}{取得原価}}$
>
> ただし,最低保証率を下回る場合「改訂取得価額×改訂償却額」で算定される。

設例の毎期減価償却費		未償却残高		償却率	
1年目	100,000 =	500,000	×	$\frac{2}{10}$	
2年目	80,000 =	400,000	×	$\frac{2}{10}$	
3年目	64,000 =	320,000	×	$\frac{2}{10}$	………

③級　数　法

級数法は、耐用年数に基づいた算術級数を用いて減価償却額を算定する方法である。耐用年数をn年、残存価額はゼロ、求める年度をaとする場合の算定式は、次のように表される。

$$減価償却費 ＝ 取得原価 \quad × \quad \frac{n－a＋1}{n(n+1)÷2}$$

設例の毎期減価償却費		取得原価		$\frac{n－a＋1}{n(n+1)÷2}$
1年目	90,909 ＝	500,000	×	$\frac{10}{55}$
2年目	81,818 ＝	500,000	×	$\frac{9}{55}$
3年目	72,727 ＝	500,000	×	$\frac{8}{55}$ ………

④生産高比例法

　生産高比例法は、これまでの計算法と違い利用度を基準とした費用配分方法である。したがって、ここでは、算式を示すに留めておく。

$$減価償却費 ＝ （取得原価－残存価額） × 当期利用量÷総利用可能量$$

（g）「役立ち」の描写と「減損」による下方修正

　有形固定資産は、生産をはじめ、企業の諸活動に利用されることで収益獲得に貢献し企業価値に関わる資産である。

　この企業価値への役立ち（貢献）を、企業会計上どのように捉えて会計情報として表現するのか、という問題と、財務上どのように捉えて評価するのか、という問題は、それぞれ異なった視点で考察されることが多いが、実は、密接に関わっている。

　「企業会計の視点」から有形固定資産の企業価値への貢献を捉える場合には、「減価償却」という人為的な費用配分の手続きを通じて期間損益計算が行われ、これを基礎とした会計情報が作成され表現されている。

　一方、「財務の視点」から有形固定資産の企業価値への貢献を捉える場合には、いわゆる企業価値評価の様々なモデル（コスト・アプローチ、マーケット・アプローチ、インカム・アプローチ）のうちの幾つかを構成するひとつの要素として、それが、どれだけ正味キャッシュフロー獲得に対しインパクトを有するかが表現される。

　例えば、M＆A等における企業評価に利用されることが多いとされる「割引キャッシュフロー（DCF）モデル」（インカム・アプローチのひとつ）では、企業価値を算出する基礎となるフリー・キャッシュフローの算定式の構成要素として「減価償却費」と「正味設備投資」の2つの要素が用いられている。

【式（1）：フリー・キャッシュフローの算定式】

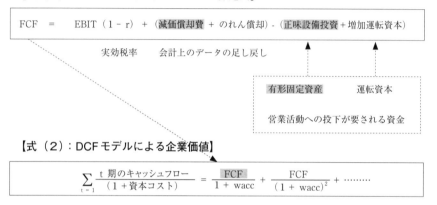

$$\mathrm{FCF} \;=\; \mathrm{EBIT}\,(1-r)\;+\;(\text{減価償却費}+のれん償却)-(\text{正味設備投資}+増加運転資本)$$

実効税率　　会計上のデータの足し戻し

有形固定資産　　　運転資本

営業活動への投下が要される資金

【式（2）：DCFモデルによる企業価値】

$$\sum_{t=1} \frac{t\,\text{期のキャッシュフロー}}{(1+\text{資本コスト})} \;=\; \frac{\mathrm{FCF}}{1+\mathrm{wacc}} \;+\; \frac{\mathrm{FCF}}{(1+\mathrm{wacc})^{2}} \;+\; \cdots\cdots$$

　式（1）は、DCFモデルによる企業評価のコアになる「フリー・キャッシュフロー」の算定式であり、一言でいえば、「当期に得られるキャッシュフロー」から、「製造設備と運転資本に必要な投資額（正味額）」を差し引くことでFCFを求める式となっている。

　本式（1）におけるFCF計算の出発点は、投下資本全体に対するリターンを表す「プロフォーマ利益」（国ごとの会計基準や税制等のコンディションに左右されない投資指標）、すなわち「EBIT」（イービット等と呼ばれる）である（EBITの代わりに「営業利益」を用いる場合もある）。

　この「EBIT」から税額を差引いてNOPAT（税引後営業利益）を求めた後、「キャッシュフローを伴わない企業会計上の費用項目である「減価償却費」と「のれん償却費」を足し戻す（人為性を排除した数値とする目的で行う）と「当期に得られるキャッシュフロー」が求められる。

　さらに、当該数値から「製造設備と運転資本に必要な投資額（正味額）」を差し引くことにより、債権者や株主等のステークホルダー全体に帰属するFCFが求められるのである。

　式（2）では、このFCFを用いて、DCFモデルの企業価値を求める算定式が示されている。つまり、正味事業資産が生み出し続ける各年度のFCFの流列を、加重平均資本コスト（WACC）によって割引現在価値計算し、それを基礎に企業価値を算出するというのがDCFモデルの企業価値なのである。

　こうした関係から、有形固定資産の役立ちは、式（1）における正味設備投資の増加額（投資の増分）と、それに基づいて得られたEBITの増減（投資の成否）を通じて正味のインパクトとしてFCFの額を左右し、さらにそれが流列として、式（2）の各年度のFCFの割引現在価値に反映されることで投資期間全体の正味のインパクトが企業価値に反映する仕組みとなっていることがわかる。

　以上を比較すれば明らかなように、企業会計の減価償却の手続きは、当初の投下資金額（測定対価）に主眼を置き、「減価」を役立った消費分と捉えた上で期間配分計算を行なうものである。しかし、それが具体的にどのような役立ちに結びつき、また、現時点の正味価値に如何に結びついているのかといった、財務の視点により明らかにされる情報は、減価償却では明らかにされないのである。

　「減損会計」は、こうした減価償却の本質的な問題点を補うべく、会計基準のグローバル化の潮流をも考慮しながら導入された評価手法である。

　この基本的な会計思考は、上記の②による情報の視点に立ち、有形固定資産の生み出す収益（キャッシュフロー）を把握し、それが当初の投下額を示す帳簿価額を下回る場合には減損損失を認識するというものである。

　つまり、基本的には取得原価を基本とした減価額を費用配分することを基本とし、キャッシュフローが帳簿価額を下回る状態になったと判定される場合にのみ、公正価値評価額への切下げ処理を行う（企業会計審議会、固定資産の減損に係る会計基準）。

減損会計には、2つのポイントがある（仕訳は、下記のように行う）。

①「現金生成単位」を判定対象とする。

個々の有形固定資産の減損を捉えるのではなく、キャッシュフローを創出するひとまとまりの有形固定資産グループ等を「現金生成単位」という視点で捉える。

②「減損の兆候」の判定を行う。

損益計算書やキャッシュフロー計算書に、「減損の兆候」が見られる場合は、「現金生成単位」の帳簿価額と割引前の将来キャッシュフロー総和とを比べて、減損の認識の可否を判断する。

（借方）	減 損 損 失	××	（貸方）	機　　　械	××

第3節　リース取引の会計描写

（a）リース取引の会計描写の視点

企業は、有形固定資産を利用する際、その有形固定資産を「所有する以外の方法」を選択する場合がある。リース取引は、そのような取引のひとつである。

リース取引とは、特定の有形固定資産（これを物件という）を所有している者（貸手：レッサー）が、その物件を利用する者（借手：レッシー）に対して、予め合意された契約（リース契約）の内容に基づいて使用する権利を与え、その対価たる代金を受け取る取引をいう。

有形固定資産のリース取引は、所有する場合に比べて、経済性や利便性の面で様々なメリットをもたらすことから、航空業等の大規模な業種から比較的小規模な機械に至るまで、今日、多くの企業で利用されるに至っている。

しかし、その普及の過程において、会計上はひとつの問題が指摘されるようになっていた。すなわち、有形固定資産の使用という側面に着目すると、それ

が表面上リース契約を通じて保有するものであっても、購入を通じて保有するものであっても、実質的には、何ら変わりがないケースも存在するということである。こうした問題の解消に向けて「実質優先の原則（法的関係よりも経済的実質を優先する考え方）」という会計思考に基づいて導入されたのが、現在のリース会計なのである（企業会計基準第13号）。

　リース契約は、その契約内容に基づいて、「ファイナンス・リース取引」と「オペレーティング・リース取引」の２つの種類が分類されている。

　「ファイナンス・リース取引」は、契約期間中の解約が基本的に不可能（解約不能）であり、リース物件から生じる経済的便益と使用コストが、利用者である借手に帰属する（フルペイアウト）ものをいう。これは、さらに次の２つに分類される。

　ひとつは、「所有権移転ファイナンス・リース取引」と呼ばれるもので、契約終了時に所有転移転が契約上明示されているものである。この場合の所有権移転の判定基準は、所有権移転条項・割安購入選択権の有無、特別仕様のリース物件であるか否か等がある。

　いまひとつは、「所有権移転外ファイナンス・リース取引」であり、支払いコストと使用年数、それぞれの割合から判断されるものである。

　「オペレーティング・リース取引」は、このファイナンス・リース取引に当てはまらないすべてのリース取引をいう。

（b）リース取引の会計処理

　オペレーティング・リース契約の借手側の会計処理は、賃貸借契約の場合と同様の処理を行う。具体的には、「リース費用」を支払時点において認識・測定を行い、記録がなされる。

【リース契約締結時】

仕　訳　な　し

【リース料支払時】

（借方）　支払リース料　　××	（貸方）　　当 座 預 金　　××
（費用の発生）	（対価：資産の減少）

【期末時点で未払分がある場合】

（借方）　支払リース料　　××	（貸方）　　未払リース料　　××

　ファイナンス・リース契約の借手側の会計処理は、有形固定資産の売買取引と同様の処理を行う（減価償却も行う）ことになる。この場合、借手は物件を通常の場合と同様に取得原価で測定・記録する必要が生じる。具体的には、「リース資産」の取得原価を次のように算定し、同額で測定される「リース料の支払義務」を「リース債務」とともに計上することになる。

　リース料は、通常、購入代価に「リース会社側の手数料」を加算することで算定される。貸手であるリース会社の購入代価の情報については、借手側から得られる（明らかな）場合と得られない（明らかでない）場合とが存在するため、その違いによって「リース資産」および「リース債務」の金額の算定が若干異なってくる。

　購入代価の情報を得られない場合には、借手側で「見積購入価額」を算出し、それを「リース料総額の割引現在価値」と比べていずれか低い金額を測定額とする。

　購入代価の情報を得られる場合には、所有権移転取引の場合は、その購入代価を測定額とし、所有権移転外取引の場合は、その購入代価と「リース料総額の割引現在価値」と比べていずれか低い金額を測定額とする。

　なお、割引計算に用いる利子率は、貸手の計算利子率を用いるのが基本であるが、得られない場合には借手の追加借入利子率を用いる。

　こうして、リース会計では、算定されたリース料支払総額（取得原価の測定額と手数料の測定額の合計）を基礎として、それを支払いの履行状況に沿って順次計上する、という会計描写が行われるのである。

　具体的処理は、次のように行われる。

【リース契約締結時：取引開始日】

(借方)	リース資産	××	(貸方)	リース債務	××

【リース料支払い時】

(借方)	リース債務	××	(貸方)	当 座 預 金	××
	支 払 利 息	××			

【決算日：減価償却】

(借方)	減価償却費	××	(貸方)	リース資産減価償却累計額	××

　リース取引には、この他にも貸手側の処理をはじめ様々な論点がある。

　このうち、セール・アンド・リースバック取引は、有形固定資産（物件）の所有者が、リース会社に物件を売り渡した後、そのリース会社と当該物件についてのリース契約を結ぶ手法であり、比較的重要性が高い。

　これは、企業が所有する不動産等をリース会社に一旦売却する取引と、同時に、所有者が変更となっても継続的に当該不動産を利用し続けることが可能となるようなリース契約を結ぶことによって、様々な財務上のメリットを享受する手法である。

第4節　無形固定資産

（1）無形固定資産の意義と分類

　企業が、長期的に（一年基準あるいは正常営業循環基準を超えて）利用する経済的資源には、物理的形態のないものもある。企業会計では、これらのうち測定可能なものについて「無形固定資産」として捉えている。

　現在、無形固定資産として捉えられているものは、「法律上の権利」「ソフトウエア」「のれん」である。それぞれの内容は次のようになっている。

【無形固定資産の例】

①法律上の権利（例）

特許権	特許を受けた発明を独占排他的に実施する権利
実用新案権	物品の形状、構造、組み合わせによる考案を独占排他的に行う権利
商標権	商品、サービスに使用する商標に対して与えられる独占排他権
意匠権	物品、建築物、画像のデザインに対して与えられる独占排他権
借地権	建物の所有を目的とする地上権又は土地の賃借権
鉱業権	一定の区域で地層から鉱物を採掘し取得することができる権利
漁業権	一定の水面において特定の漁業を一定の期間排他的に営める権利

②ソフトウエア制作費

販売目的　制作したプログラムを通常維持するための強化・改良のコスト

※ 受注制作の制作費は棚卸資産計上、市場販売のバグ修正等の機能維持は費用処理し、これらと上記無形固定資産以外の市場販売の制作費・著しい改良は研究開発費とする。

自社利用　業務効率を向上させるプログラムの取得費用（購入費・制作費）

※ 業務効率の向上とは収益獲得・費用削減をもたらすことをいう。

③のれん　他企業の取得等の時、純資産額より高く評価した「超過収益力」

※高収益事業の権利の購入に伴い生じる純資産額との差額を追加的コストと捉える。

（2）無形固定資産の取得原価

　「のれん」以外の取得の処理は、基本的に有形固定資産の場合と同様に支出額を基準する。

【法律上の権利を購入により取得した場合】

　　購入代価＋付随費用（当期費用等）

【法律上の権利をその他により取得した場合】

　　自家建設　調査・研究・発明に要した支払額と付随費用の合計額

　　現物出資　交付された株式の発行価額

　　交換　　　譲渡資産の適正な簿価

　　贈与　　　公正な評価額

　「のれん」の評価額については、高収益事業の権利の購入に伴い生じる純資産額との差額を追加的コストと捉えるため、基本的に、合併買収時の対価から純資産額を差し引いて算定する。合併買収の際、自己資本価値を評価する方法には、前述の企業価値評価の様々なモデル（コスト・アプローチ、マーケット・アプローチ、インカム・アプローチ）がある。

　「コスト・アプローチ」は、純資産法とも呼ばれ、買収される企業の純資産額をもってその企業の自己資本価値とみる方法である。

　「マーケット・アプローチ」は、株式時価法とも呼ばれ、発行株式の時価総額をもってその企業の自己資本価値を評価する方法である。

　「インカム・アプローチ」は収益還元法とも呼ばれ、買収企業のキャッシュ・フローをWACC等の資本コストで還元する方法である。

（3）のれん以外の無形固定資産の償却

　無形固定資産は、利用に伴い収益獲得等に役立つため、その利用期間（法律上の権利が存続する期間内が望ましい）にわたり償却（費用化）される。

　減価償却との違いは、償却方法が、基本的に定額法であり、直接控除方式（評価勘定を用いない）とされることである。

　定額法による償却は、特許権（8年）、実用新案権（5年）、意匠権（7年）、商標権（10年）、漁業権（10年）、ソフトウエア（5年または3年）とされる。

　定額法・生産高比例法は、鉱業権について行われる。

なお、借地権は非償却資産となるので注意が必要である。

第5節　繰延資産の会計

（a）繰延資産の意義

　費用性の支出は、通常、その期間の費用となるが、既に役務の提供を受けその支払い対価が確定していても、効果が将来に生じ、将来の収益獲得に役立つことが明らかに予測できる場合には、一旦、その支出額を資産に計上し繰延べておき、それを費用配分の原則に基づいて数期間に配分することが認められている。この際に生じる資産を繰延資産という。

　繰延資産は、通常の資産と違い換金価値を有していないため、擬制資産と呼ばれることもある。また、将来の効果の発現は不確実な事象である。そのため、企業会計上、資産に計上できるものはごく限られたものに留められている。

（b）繰延資産の種類と償却期間

　繰延資産については、既に、第5講、第6講でも説明している。企業会計原則では8種類に認められていたが、現行ルールでは5種類となっており、それぞれの償却額も次のようになっている。

（企業会計原則）　　→　（ASBJの実務対応報告第19号）

　創立費　　　　　　創立費　　（5年内）

　開業費　　　　　　開業費　　（5年内）

　新株発行費　　　　株式交付費（3年内）

　社債発行費　　　　社債発行費（3年内）

　社債発行差金　　　開発費　　（5年内）

　開発費及び試験研究費

　建設利息

（c）研究開発の会計

研究開発活動は、企業の将来の収益性に関わる投資活動である。ひとくちに研究開発（R&D）とよばれているが、実は、研究と開発とは、それぞれ別々の意味を持っている。

【研究と開発の違い】

研　究　　新しい知識の発見を目的として計画的な調査や探求を行うこと

開　発　　研究の成果その他の知識を具体化すること

従来，日本では、試験研究費という勘定によって繰延資産として期間配分の処理が行われていた。しかし、この処理は、国際的な視点からは整合性が無く、また、資産の計上についても任意だったことから，企業間の比較を行う際の指標としては、必ずしも十分とはいえないという指摘が存在した。

そこで，1998年に研究開発費等の会計基準を新たに公表し、研究開発費を原則として当期の費用計上によって処理するという現在の処理規定が定められたのである。なお、研究開発が成功すると、特許権や実用新案権等の法律上の権利を取得することがある。

研　究　問　題

問題1　有形固定資産の3つの側面について、それぞれの関係も含め、簡潔に説明しなさい。

問題2　減価償却の意義について詳しく説明しなさい。

問題3　圧縮記帳の意義について詳しく述べなさい。

問題4　減損会計の意義について説明しなさい。

問題5　ファイナンス・リースの会計処理について説明しなさい。

問題6　繰延資産の意義について述べなさい。

文　献　研　究

1　法人課税における減価償却を史的に捉える

（白石雅也「税法上の減価償却制度の沿革 － 耐用年数を中心とした一考察」『税務大学校論叢』第15号、1982年、101-208頁。）

減価償却は、戦前から企業が政策的な視点から利用してきた会計処理であるが、意外にも、企業会計上の整備は、それほど早い段階から行われていなかった。また、明治以来の地租を基盤とする課税からの流れによって法人税法が所得税から独立したのも、太平洋戦争の直前の税制改革においてである。

こうした歴史的な背景もあって、減価償却費の法人課税の歴史には、マクロ経済のダイナミズムが大きく反映されている。本論稿は、その流れを理解するのに必要な事項が一通り網羅されている。

2　無形資産の会計

（伊藤邦雄編著『無形資産の会計』中央経済社、2006年。）

無形資産という概念は、広範でなかなか捉えにくいものである。企業会計では、この概念の対象となるもののうち、認識・測定方法が確立しているものについてのみ制度化している。

しかし、それ以外にも無形資産として企業の将来キャッシュフロー獲得に役立つ経済的資源は、多く存在する。これらをどのように捉え広げていくべきかという問題は、会計学の理論的なバウンダリーを拡充することにもつながる問題である。本書では、この領域における研究も含め、この拡充に向け考察を要される様々な論点が提示されている。

第8講

販売回収活動と稼得資本の会計

第1節　販売回収活動と収益

　企業における資金循環プロセスの第三段階は、ここでとり上げる販売回収活動である（図表8－1）。

　企業は、仕入・生産活動に続く販売回収活動を通じて、本業その他の販売行為によって対価を得る。そして、その対価を資金として回収し、さらに回収余剰としての利益（期間損益）を獲得することで、最終的には正味キャッシュフローを増大させ、継続的に企業価値を高めていく。

　こうした広義の販売回収活動には、次のものが含まれる。

【（広義の）販売回収活動の例】
　①商品・製品の販売活動
　②商品・製品以外の売却による収入
　③預金・有価証券等の利息の収入
　④余剰資金で購入した運用資産の売却
　⑤有形固定資産等の売却
　⑥無形資産の売却

図表8−1　資金循環プロセスにおける販売回収活動の位置付け

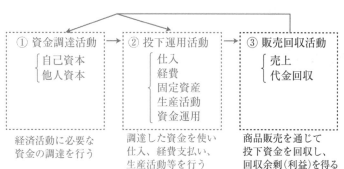

ただし、企業が投下運用した資金が、必ずしも、販売活動を経て直ちにキャッシュフローとして回収されるとは限らない。現代の商慣行では、「与信」が利用されるからである。「与信」は、取引相手の資金余力や信用度を利用して、代金の支払い等について一定期間猶予する「決済」にかかる手法のひとつである。

例えば、商品売買に「与信」を利用することで掛取引を行うことが可能となる。掛取引では、販売時に代金の授受を後日と約束したうえで売上債権としておくため、期日が到来した際は約束通り当該代金の授受にかかる決済を行わなければならない。しかし、実際にはこれが履行されない場合も少なからず存在する。こうした対価の回収不能のことを「貸倒れ」というが、この場合には、当該債権の回収に向けた何らかの手段を講じる必要がある。

このような点を考慮すると、企業会計において販売回収活動を描写する際には、「販売活動」と「回収活動」とに分け、それぞれの特徴を明確にしながら、それらが、どのようなプロセスで具体的にキャッシュフローの獲得に結びついているのかを、表現する必要があることになるだろう。

第2節　収益描写の2つの視点

（1）収益描写の2つの視点

　企業の販売活動と対価の受取・回収に関わる一連の取引は、企業会計上、基本的に「収益」の変動と、その対価である「資産」の変動として、認識・測定・記録され、会計情報に要約描写された上で、最終的にステークホルダーに報告されている。

　これは、企業会計の記録技術である複式簿記において、かかる取引が「損益取引」として捉えられることに基づいている。すなわち、「損益取引」では、販売にかかる取引が、一方で「収益」の変動としてフロー勘定に記録され、他方で「資産」（あるいはその差額としての純資産）の変動としてストック勘定に記録されることとなる。

　従来行われてきた「収益費用アプローチ」の会計思考による会計基準の設定においては、この2つの側面のうち、フロー・ベースのアウトプットたる期間損益計算への影響に主眼を置き、「収益」を、どのタイミングで認識し、いくらで測定し、帳簿に記録するのか、という点が問われてきた。

　この点については、第3講で示したように、「収益」は、営業サイクル内で「実現」した時点で、成果として認識・測定され、期間損益計算へと算入されるルールが会計基準に採用されてきた。つまり、この期間損益計算から外れる「収益」（あるいは収益の可能性を持つスナップ・ショットとしての数値）の情報については、収益以外の勘定を用いて表現されてきたのである。

　例えば、「その他有価証券」の評価差額は、現時点の評価数値ではあるが未実現という理由から、収益には計上されずに、純資産の「評価・換算差額等」という項目でスナップ・ショットとしての姿を表示している。

　その一方で、資産側（あるいはその差額としての純資産）については、①実現時点における売上債権等の発生と、②その後の資金回収までの流れが、会計情報に描写されるのみとなっていた。

図表8－2　販売回収活動を会計描写する視点

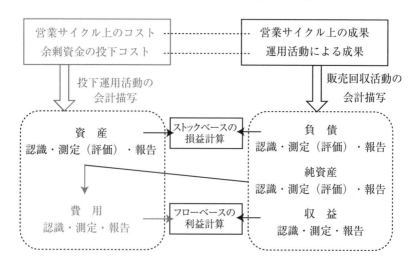

　しかし、こうした「収益費用アプローチ」に基づく実現基準による「収益」認識では、販売回収活動に関連して実際に記録される取引内容が、実現時点以降のデータに限られてしまうため、取引の全体像が必ずしも十分に示されないという問題が存在していた。また、その取引全体のなかで、どのような手順あるいはプロセスを経て正味キャッシュフローが獲得されていくのか、という情報についても明らかにされていなかった。

　こうした問題点を補うべく新たに導入されたのが、収益認識にかかる取引を「契約」と「履行義務」から捉える収益認識会計基準である（企業会計基準第29号、および企業会計基準適用指針第30号）。

　これは、取引において収益が認識されるプロセスを、「契約」の内容と「履行義務」の履行状況に関わる、各種ストック勘定の変動という視点から描写する「資産負債アプローチ」の会計思考に基づく会計基準である。

　すなわち、これまで実現基準で描かれていたフローの視点からの「収益」認

識の描写ルールを、根本から変更するものではなく、むしろ、一方で、契約時点からの収益にかかる取引の全貌を、「権利」と「義務」というストックの変動プロセスとしてより広範に描きながら、他方で、従来から行われてきたフローの変動による収益の実現過程をより「精緻に表現する」ルールをも課すことで、ステークホルダーの情報ニーズに合った会計情報の供給を企図して設定された会計基準といえるだろう。

　ただし、注意が必要なのは、この会計基準では、収益の過大計上等を排除する目的で、変動対価や買戻契約等を明確に反映するルールが課されるため、収益の認識・測定がより「精緻」に行われることである。

　これらが実務慣行としてこれまで大きく関わってきている業種等に関しては、収益額をはじめ期間損益計算の成果としての期間損益の情報への影響が生じることとなるため、場合によっては、実務慣行そのものの見直しも必要とされる可能性がある。

第3節　資産負債アプローチによる収益の認識・測定

（a）資産負債アプローチによる収益の認識プロセス

　「資産負債アプローチ」による収益認識の会計ルールの特徴は、企業の販売回収活動を「契約とその履行プロセス」と捉えて、複式で精緻に描写することである。

　この「契約」で生じる当事者の「権利および義務」には、販売者側に生じる義務（図表8-3の@）および権利（ⓑ）と、顧客側に生じる権利（ⓒ）および義務（ⓓ）の2側面が存在する。

　これらのストックの2側面が、履行プロセスを通じてどのように変化するかを、「収益」の認識・測定というフロー面との関わりから捉え、会計情報として描き出すのである。

　以下では、図表8-3に基づいて、この収益認識の会計ルールで、「資産負債アプローチ」の会計思考に基づき「収益の認識プロセス」がどのように描写

図表8−3　資産負債アプローチによる収益の認識プロセス

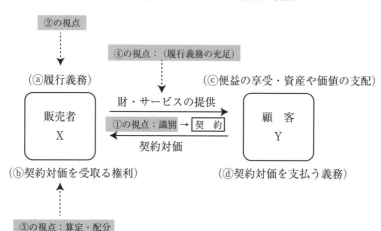

されるのかを確認する。

【資産負債アプローチによる収益の認識プロセス】

①契約の識別

　企業の販売回収活動を「契約」の視点から描写する場合には、まず、描写対象となる「契約」の内容を識別し、取引の全体像を明確にする必要がある。

　契約の内容は、企業からの財サービスの提供とその対価の授受を巡る、様々なとり決めから構成されるが、その構成次第で、販売者側と顧客側にそれぞれ生じる法的な「権利および義務」が異なるものとなる。

②契約における履行義務の識別

　「契約」に含まれる「履行義務」は、「収益認識の単位」である。契約には、単一の「履行義務」が示される場合もあれば、複数の「履行義務」が組み合わされる場合もある。

　したがって、「契約」に含まれるそれらの「履行義務」を識別して「収益認

識の単位」を識別する必要がある（図表8－3の⒜）。

③取引価格を算定し配分する（収益の測定）

　収支額基準で測定される「契約上の取引価格」は、企業が顧客に財やサービスを提供（移転）するという「履行義務」を充足することに伴って次第に確定されてゆく。その意味で、この金額は「履行義務」を単位とする「収益の測定額」の基礎となる。

　つまり、「契約上の取引価額」を正しく算定し、それを「収益認識の単位」である個々の「履行義務」に配分することで、それぞれの「履行義務」における収益額が「履行義務」の充足に先だって「予め測定」されるのである（図表8－3の⒝）。

　ただし、取引価格のうち「変動対価」（返品、値引き、割戻し等が関わることで不確実を持つ対価部分）がある場合は、当初の段階で見積り計上し、後日、決算時に見直しを行う。

　この見積方法に関しては、他の会計代替処理の選択の場合と同様に、機会主義的行動を排するため、継続性の原則が適用されることになる。

　なお、上記の算定と配分では、原則として金利的な要素が調整される。

④履行義務の充足度合いの描写（収益の認識）

　以上の②および③のプロセスは、どちらも「販売者側の視点」に立って識別される事項である。すなわち、②では契約に約定される販売者側の（財・サービスの提供に関する）履行義務（ⓐ）が識別され、同様に③では契約に約定される販売者が受領し得る対価（ⓑ）が識別され、企業は、それらを契約内容に基づいて、「自らの視点から」収益額を測定し配分する。

　しかし、収益の認識に関しては、顧客側の支払いを強制する要件が十分に整わなければ行うことができない。その要件とは、企業が実際に履行義務を充足し、それによって顧客側にⓒの支配が移転することである。

　そこで会計基準では、③において予め配分された収益の測定額を、時系列

で、履行義務の充足度合い（進捗度）に照らして認識するルールを課し、契約の履行プロセスで収益が順次認識されてゆく様子を会計情報に表現する。

（b）「契約資産」と「契約負債」という概念

「契約」の内容により、「収益の認識単位」である履行義務の識別（上記②）や取引価格の算定および配分（上記③）、さらには履行義務の充足過程（上記④）は異なったものとなる。それは、それぞれの契約内容や取引特性に応じて、当事者の権利と義務や法的な債権・債務の発生状況は異なるからである。

しかしそれらの個々の特性に合わせた会計処理を、逐一会計基準に規定していては、統一的な視点から収益を認識・測定し、比較可能性のある期間損益計算を規定することができない。

そこで会計基準では、契約の締結から完了までのプロセスについて、債権・債務が法的に生じるまでの段階で企業側に生じる権利と義務を「契約資産」「契約負債」という勘定によって表現することで、いずれにも一貫性のある会計描写を行なっている。

例えば、ポイント制度のような契約内容の場合、販売によりポイント分の財・サービスの移転にかかる履行義務をその履行率に応じて認識する必要がある。しかしこれは、法的には債務ではないから、会計上の履行義務を表すため「契約負債」という形で描写する必要があるのである。

また、この「契約資産」「契約負債」という概念は、この従来から描かれてきた収益費用アプローチの収益認識基準（収益計上のタイミング）に関わる上記④を「資産負債アプローチ」で表現する場合にも重要な役割を果たす。

契約における履行義務は、「一時点」で充足されるものであればその一時点で認識し、「一定期間」で充足されるものであれば、これを「進捗度」に応じて順次認識する。この表現において、「契約資産」「契約負債」が用いられることで、その過程を豊かに描写することができるのである。

契約による履行義務が「一定期間」で充足されるものであるか否かは、図表8－3に基づくと下記のように判定することができる。これらが満たされれば

「一定期間」で行われるもの、これ以外は「一時点」で行われるものとなる。

【履行義務の充足パターンの判定】

　ⓐの履行義務が充足されるにつれ、ⓒの便益が享受されるか否か

　ⓐの履行義務が充足されるにつれ、ⓓが生じるか否か

　ⓒの権利が他者に移転できないもので、ⓓの支払いを強制し得るか否か

　収益の認識が「一定期間」にわたる場合、「売上高」を直ちに計上することはできない。そこで、契約の締結から完了までのプロセスに「契約資産」「契約負債」という勘定を用いて、履行義務の充足度合い（進捗度）に合わせた描写を行う。

　例えば、長期建設工事を請負う企業が、履行義務の充足状況に合わせ取引価格を配分するため工事進行基準で会計処理を行う場合は次のようになる。

　請負った工事を履行し、一部の履行義務が充足された場合、その分の対価を受取る権利が発生する。しかしこれは、支払日が到来していなければ、法的な債権には該当しないので、これを「契約資産」で処理をしておき、支払日が到来した段階で「工事未収金」等の債権勘定への振替処理が行われる。

　なお、「一時点」において収益は、資産に対する支配が企業から顧客に移転した時点（対価の授受の権利確定、法的所有権の存在、物理的占有の移転、顧客による資産リスク負担と経済的価値享受、顧客による資産の検収）に認識される。この処理は従来でいう販売基準等を「資産負債アプローチ」の視点から、より精緻に表現したものである。この場合には、次のような認識が行われる。

【一時点における収益の認識】

①通常の販売・割賦販売

　　財・サービスの支配が移転する時点で「売上高」が認識される。

②予約販売

　　予約金の受取り時点では負債が計上される。

財・サービスの支配が移転した時点で「売上高」が認識される。

③試用販売

　顧客が買取の意思を示した時点で「売上高」が認識される。

④委託販売

　受託者が消費者に委託商品を販売した時点で「売上高」が認識される。

第4節　売上債権の貸倒れの処理

（a）販売活動において生じる売上債権

　企業の販売活動では、販売促進その他目的から取引先に与信を供与する。この際生じる売上債権は、支払期日および金額について当事者間での合意の後、一定期間にわたり支払履行を猶予・延期するものである。

　売上債権は、猶予期間に無事決済されて現金等が回収されるか、回収されずに貸倒れてしまうか、最終的にどちらかになる。回収されればリスクから解放されるが，貸倒れた場合には損害が生じる。したがって債権者は、期日までの期間、何らかの事情から債務者が支払いを履行せず、結果として債権が貸倒れとなるリスクを負担しなければならない（図表8-4）。

図表8-4　債権の回収と貸倒れ

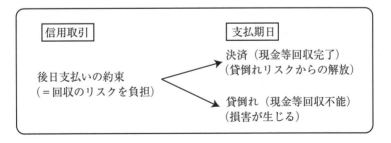

（b）貸倒れと引当金会計の利用

　売上債権が貸倒れてしまった場合、企業には損害が生じる。売上債権の回収不能額を、企業が損害として当期のコストに計上する場合、当期の期間損益計算に影響が及ぶことになる。

　そこで、企業は回収不能の兆候を事前に察知し、回収不能額を事前に見積ることでこれに備える工夫を行う。これを複式簿記上で表現したものが貸倒引当金を用いたコストの期間配分である。貸倒引当金の設定の手順は、次の3ステップで行われる。

【貸倒引当金の設定の手順】

① 現時点の貸倒れの金額を見積る。

② 貸倒れ見積額を貸倒引当金（評価勘定）の貸方に計上する。

③ 貸倒れ見積額を、貸倒引当金繰入勘定（費用）の借方に計上する。

　このうち、①の貸倒れの程度は債権の種類によって異なるため、見積方法は債権の種類ごとに異なる。

　「一般債権」とは、取引相手の経営状態に重大な問題が生じていない債務者に対する債権である。この一般債権には、実績法（貸倒見積額＝期末の売上債権×貸倒実績率）という算定方法が用いられる。

　一般債権以外の債権については、一般の状態とは異なって設定される。

　「貸倒懸念債権」は、取引相手の経営状態には大きな問題がないが、弁済力に重大な問題が生じている（生じる可能性が高い）債務者に対する債権である。場合である。これは、次のいずれかにより引当金を設定する。

　　α 債権額から担保処分価値や保証分を控除した上で、実績率で算定した額

　　β 将来キャッシュフローの見積現在価値と帳簿価額との差額

　「破産更生債権等」は会社更生等のように経営破綻が生じている状態の債権である。この場合には、債権額から担保処分価値や保証分を控除した額を引当計上する。

　次に、貸倒引当金の設定手順の②に用いられる「貸倒引当金」（負債の勘定）は、売上債権の評価勘定である。この勘定は、負債に計上されることで、資産勘定に計上されている売上債権と比較して現在の回収可能額を示す役割を担う。この勘定を用いると、債権の総額とその総額からどれだけの回収不能が生じるかが情報として表示されることになる。

　貸倒引当金の設定手順の③において用いる「貸倒引当金繰入」（費用の勘定）は、将来生じる可能性の高いコストを当期の費用として期間損益計算に関わらせるために用いられる勘定である。当該コストを将来期間ではなく、当期に期間配分することで、当社の販売活動上の「与信にかかるコスト」が正しく期間配分され、本業の業績に適切に表現されることになる（図表8－5）。

　例　当社売上債権にかかる処理は次の通りである（a 前期 b 当期の処理）。
　　a　期末に売掛金20,000に対し2.5％の貸倒引当金を設定した。
　　b　上記の売掛金のうち500が貸倒れとなった（貸倒引当金は500）。

【設例の仕訳】

a	（借方）貸倒引当金繰入	500	（貸方）	貸倒引当金	500
b	（借方）　貸倒引当金	500	（貸方）	売　掛　金	500

図表8－5　貸倒引当金による費用配分の効果

		貸倒引当金を設定しない場合	貸倒引当金を設定する場合
前期	掛売時	売　掛　金　20,000／売　上 20,000	売　掛　金　20,000／売　上　20,000
	期末	仕訳無し	貸倒引当金繰入 500／貸倒引当金 500 （費用）　　　　　　　　（負債）
当期	貸倒時	貸　倒　損　失　500／売掛金　500 （費用）	貸　倒　引　当　金　500／売掛金　500 （負債） 評価勘定の減少　　　　　　債権額の切下げ

　図表8－5に示されるように、貸倒引当金を設定しない場合には、ｂの期間に生じた売掛金の貸倒金額が、そのまま費用計上される。与信を与えたのは前期であり、それは貸倒率を理解した上での企業行動となるから、本来であれば、このコストは前期中に計上しておくことが合理的なはずである。

　一方、貸倒引当金を設定する場合は、そうした与信のコストが正しく期間配分されるため、会計情報としても有用性がある。

第5節　稼得資本の会計

（a）稼得資本会計の領域

　稼得資本は、企業がビジネス活動を行うことで自ら稼ぎ出した金額をいう。その意味で、払込資本とは明確に区別される概念である。この稼得資本の増減に関わる様々な取引の認識、測定、記録・計算、報告を扱うのが、ここで扱う稼得資本の会計領域である。

　稼得資本の会計の出発点は、稼得資本自体が、一期間にどれだけ生じたのかを把握し、これを株主資本に「帳簿上表現すること」である。

　記帳技術として複式簿記を採用する企業会計では、日々の「損益取引」の記帳を通じ、この稼得資本が2つの側面から把握される。

　ひとつは、資産・負債というストックの側面から算定される「正味財産の増分」である。これは期中の損益取引で増減した正味財産としての稼得資本の姿である。もうひとつは、収益および費用というフローの側面から算定される「成果」である。これは期中の損益取引で稼ぎ出した「名目的期間損益」としての稼得資本の姿である。

　これらのうち、上記のストック面の期中変動は、資産と負債の勘定にのみ記録されるため、純資産に関わる勘定には反映されず、期首純資産の数値が期末に至るまで表示され続ける（資本取引や利益処分等がある場合は期末元入資本となる）。その結果、当該稼得資本の額だけ、正味財産全体と純資産勘定の差異が生じることになる。

そこで、複式簿記の「決算振替仕訳」では、帳簿上の純資産額を期末純資産額にするため、上記のフローの側面から測定した成果としての「当期純損益」の額を、稼得資本の「繰越利益剰余金」勘定に振替・加算することとなる。

（借方）　　損　　　　益　　500	（貸方）　　繰越利益剰余金　　500

図表8−6　決算振替仕訳（当期純利益の繰越剰余金への振替）

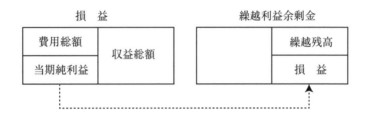

このように、帳簿上は、「決算振替仕訳」というリンケージを介さなければ、稼得資本が純資産の株主資本の勘定に反映されない仕組みとなっているのである。

（b）剰余金の処分

稼得資本の会計の最も重要な役割は、「剰余金の処分」を通じて、①自己資本の提供者である株主に対し行う配当等の社外流出額と、②法定準備金、積立金、その他社内に様々な形で留め置かれる社内留保額を分けることである。

企業会計において「剰余金の処分」の直接の財源となり得るのは、基本的に、ストックの変動により増加した「正味財産たる稼得資本」である。

しかしながら、会社法会計では、それ以外にも処分財源が用意される。それが、「その他の資本剰余金」である。この違いは、資本概念を巡る企業会計と会社法上の違いが大きく関係している。

企業会計では、「資本と利益の区分の原則」に基づいて資本取引と損益取引

が区別され、両者を混同することがない。損失が生じた場合に企業が利用し得るよう、資本金以外を広く剰余金という概念で捉えてはいるが、資本取引によって生じる資本剰余金と、損益取引によって生じる利益剰余金とは性質の違うものと明確に捉えられている。

　しかし、会社法では「会社財産の増減」に主眼が置かれ、「資本金と法定準備金が維持されれば良い」こととされる。したがって、この金額を超えるものは「剰余金」という概念で捉えられ、すべて処分の対象となるのである。

　会社法上積立が強制される法定準備金は、資本準備金と利益準備金から構成されているため、会社法上処分の対象となる剰余金概念は、「その他の資本剰余金」と「その他の利益剰余金」という構成になる。

　「その他の資本剰余金」は、減資差益（資本金減少による差益）、資本準備金減少により生じた差益、時価による自己株式処分時の売却益（取得原価と時価の差額）が含まれる。また、「その他の利益剰余金」には、任意積立金（配当平均積立金、新築積立金、減債積立金、別途積立金等、繰越利益剰余金のうち任意に積み立てられたもの）や、繰越利益剰余金等が含まれる。

　以上の違いを考慮しつつ、会社法の「剰余金の処分」と「処分財源」との関係を表したのが、図表8－7である。ただし、期末の貸借対照表には、この処分後の姿が示されることになるので注意が必要である。

　会社法制度は、企業に法的に強制され、実務上行われるものであるから、「剰余金の処分」に関しては、基本的に会社法の規定に従うことになる。

　剰余金の処分では、①社外流出の処理（株主配当の計算）、②社内留保の処理（資本金・法定準備金への組入、積立金の積立、損失の処理）が行われる。

【剰余金の処分】
　　①社外流出の処理
　　　（株主配当の計算）
　　②社内留保の処理
　　　（資本金・法定準備金への組入、積立金の積立、損失の処理）

図表8−7　株主資本と剰余金の処理財源の関係

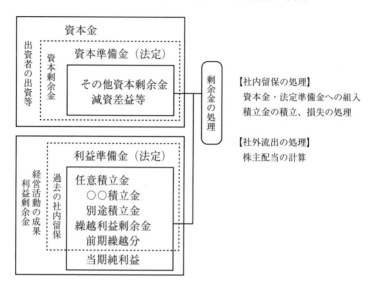

　会社法では、資本金と法定準備金の維持・充実という観点から会社財産を担保することに主眼が置かれる。そのため、「その他資本剰余金」と「その他利益剰余金」に基づく、一連の「剰余金の処分額計算」では、純資産の株主資本項目に計上されるそれぞれの金額が、範囲や限度の基準として機能している。

　企業にとって「配当」は、財務の視点から投資家に対するリターンの指標となる資本コストを測る重要な要素である。特に、企業の「ペイアウト政策」の一環としては、「自社株買い」と並んで、投資者の動向を左右する非常に大きなファクターとなるため、その配当のポリシーを、「安定配当政策（利益に関わらず一定の配当の維持を目指す政策）」「配当性向を重視する政策」等、様々な配当政策によって投資者に表さなければならない。

　会社法上、企業が株主に対する「配当」（期中における配当も含む）の財源として利用し得るものは、基本的に、当期純利益が期末に直接振替られる繰越利益剰余金であるが、任意積立金を取り崩しても良く、また「その他の資本剰余

金」とすることも前述のように制度上認められている。

　原則としては、株主総会の決議を経てから、これらを財源とする利益処分が行われるが、取締役会の決議のみで配当を行うことも一定の条件を満たせば可能な仕組みとなっている。

　ただし、「配当」に関しては、剰余金を社外に流出させる行為であるため、会社法上、債権者保護の視点から、剰余金が過度に社外に流出する事態を回避する目的で、次の2つの配当時の規制を定めている。ひとつは、法定準備金の積立であり、もうひとつは分配可能額に関する規制である。

　まず、会社法による法定準備金の積み立て規定に関しては、決算期において剰余金の配当を行う場合、資本準備金と合わせて資本金の「4分の1」に達するまで、配当の都度、剰余金の配当額（社外流出額）の「10分の1」を、財源に合わせて各法定準備金へ積立てなければならないこととされる。

　つまり「その他資本剰余金」を財源とする場合は「資本準備金」に、「その他利益剰余金」を財源とする場合は「利益準備金」に、当該額をそれぞれ積み立てる処理を行うのである。

【仕訳例：その他利益剰余金のみを財源とする場合の処分】

（借方）	繰越利益剰余金	××	（貸方）	利益準備金	××
				未払配当金	××
				別途積立金	××

【配当額を、小切手を振出して支払った場合】

（借方）	未払配当金	××	（貸方）	当座預金	××
	（配当支払義務の解消）				

　次に、分配可能額の算定である。

　分配可能額の算定は、基本的に、決算日から分配日までの状況を加味し財源とし得る剰余金の範囲を規制した上で行われる。この算定式は、次のように示される。

【事業年度末日（決算日）の剰余金の算定（446条1項)】

剰余金の額（①）＝（期末資産＋自己株式（帳簿価額））－（負債＋資本金＋法定準備金＋法務省令の規定額）

【分配時点の剰余金の算定（446条)】

剰余金の額（②）＝①＋自己株式処分差益＋減資差益＋準備金減少差益

　　　　　　　　－自己株式消却額－剰余金配当額－会社計算規則150条で規定する額※

※資本金・準備金への組入額、配当時の準備金積立額等

【分配可能額の算定】

分配可能額＝②－（自己株式に関する調整）±（臨時決算に関する調整）－（追加的控除額：会社計算規則第158条）

※会社計算規則158条による追加的控除

　　①のれん等調整整頓（のれんや繰延資産は財源として適さないため）

　　②その他の有価証券評価差額金、土地再評価差額金（一時的な数値のため）

　　③連結配当規制の任意適用額（配当財源のグループ内でのバランスを考慮）

　　④その他

第6節　税効果会計

（a）ビジネス活動にかかわる税金

　税とは、国・地方公共団体等が公的な事業を運営するため、強制的に徴収する金銭のことである。課税は、対象、主体、担税者といった様々な視点に基づいて行われており、現在、様々なものが存在している。このうち本節で対象とするのは主に、ビジネス活動に関わる税金である。

【税の種類】

①課税対象による分類

　所得にかかる税金、財産にかかる税金、消費にかかる税金

②課税主体による分類

　国税（国が徴収する税金）、地方税（地方公共団体）

③担税者の視点からの分類

　直接税（納税者と負担者が同じ税）間接税（納税者と負担者が異なる税）

【ビジネス活動に関わる税金】

①企業に対して課される税金

法人税	法人の所得（課税所得）に対する国税
法人事業税	企業が利用する地方公共サービスの負担
法人住民税	法人の登記上の住所に収める税金
消費税	消費税の預かり分を納付する義務

②ビジネス活動上支払いが要される税金（例）

源泉徴収税	各従業員の所得税預かり分を納付する義務
固定資産税	所有する有形固定資産に対する税金
印紙税	印紙に対する税金

　　　……

（b）税引後当期純利益の計算

　当期のビジネス活動がすべて終了すると、企業には、法人税や法人事業税、法人住民税を計算（課税計算）し、その結果に応じてそれぞれの税金を納付する義務が生じる。

　そのため、企業は、決算において、まず、税引き前の当期純利益を把握し、そこから、それぞれの課税計算を通じて明らかになった「法人税額等」を控除することで、最終的な「税引後当期純利益」を求めることになる。

【税引後当期純利益の算定式】

税引後当期純利益	＝	税引前当期純利益	－	法人税等
		（企業会計の期間損益計算）		（課税計算で算定）

この場合の法人税等の税額に関しては、それぞれ次の算定式で求める。

【法人税等の算定式】

法人税	＝	課税所得	×	法人税率

法人事業税	資本割	⎫	販売費および一般管理費に表示
	付加価値割	⎬	（一部売上原価への計上も可）
	所得割		（課税所得×一定率）

法人住民税	均等割	（資本額と従業員数で決定）
	法人税割	（法人税額×所定の税率）

（ｃ）税効果会計

　企業会計上の期間利益計算に用いられる費用と収益の概念と、法人税の課税所得計算に用いる「損金」と「益金」の概念は同じではない。

図表8−8　期間損益計算と課税所得計算の違い

期間利益	＝	当期収益	－	当期費用
		①（＋差異）、②（−差異）		③（＋差異）、④（−差異）
課税所得	＝	益　金	－	損　金

　例

　①益金算入項目　：受贈益等の一部

　②益金不算入項目：受取配当金の一部

　③損金算入項目　　：欠損金の繰越控除

　④損金不算入項目：減価償却額や各種引当金の算入超過額等

　このような違いを前提として、先程の税引後当期純利益の計算過程をみると、税引後当期純利益が発生基準ベースでの企業業績を正しく表示しなくなるという問題が生じる。

　例えば、期間利益計算では減価償却が全額費用計上されるのに対し、法人税では算入超過額は「損金不算入項目」となり、差異が生じる。

　こうした問題を解消するため、一時差異にかかる「企業の税コスト負担」を正しく期間配分する手続きが「税効果会計」である。

【税効果会計を適用した場合の税引後当期純利益の算定式】

税引前当期純利益 － 法人税等 ± 法人税等調整額 ＝ 税引後当期純利益

　例　A社に対する売掛金100を、貸倒懸念債権と認定し、50を貸倒引当金と

　　　して繰入れた。この際法人税法上の損金算入限度が10であることを考慮

　　　し税率を30％として税効果会計を適用した。

（借方）	貸倒引当金繰入	50	（貸方）	貸倒引当金	50
	繰延税金資産	12		法人税等調整額	12

　　　　　※ 貸倒引当金50（10は税法上の損金、残り40は損金不算入項目）

　　　　　　法人税等調整額　＝　40　×　30％　＝12

次期になりA社が倒産したので売掛金を貸し倒れ処理する。

（借方）	貸倒引当金	50	（貸方）	売　掛　金	100
	貸 倒 損 失	50			
	法人税等調整額	12		繰延税金資産	12

問題1　収益費用アプローチによる収益の認識について簡単に述べなさい。

問題2　資産負債アプローチによる収益の認識について詳しく説明しなさい。

問題3　契約資産と契約負債について説明しなさい。

問題4　貸倒れの程度の見積もりについて説明しなさい。

問題5　企業会計と会社法上の剰余金概念の違いについて説明しなさい。

問題6　税効果会計の意義について述べなさい。

文 献 研 究

1 資本の会計を巡る商法・会社法と会計学の違いを理解する

（弥永真生『「資本」の会計　商法と会計基準の概念の相違』中央経済社、
2003年。）

　日本の企業会計制度の形成過程では、会計学と商法・会社法との間で、その基本思考や概念の捉え方の違いから、様々な論争が展開されることが多い。

　特に、資本の捉え方は、それが株式会社制度の根幹に関わる概念であり、また、企業会計の重要な機能のひとつである期間損益計算をも左右する概念であることから、様々な論点が存在している。本書では、それらに通底する「両領域の思考」を読み解くための基本視点が明快に提示されている。

終講

財務諸表の情報構成

第1節　財務諸表の情報構成

　会計情報は、財務報告という社会的なシステムにおいて、「企業の情報供給行動」と「ステークホルダーの情報需要行動」との間で繰り広げられる情報需給を巡る動きを「調整」する役割を担っている。その意味で、財務会計の中心に位置付けられ、重要な役割を担っている。

　本書で着眼したのは、会計情報がアウトプットされるまでに、描写視点、記録技術、会計ルール、という3つの選択フェイズが関わることである。会計情報の「質」と「量」がそれらの選択に基づいて規定される仕組みであるとすれば、財務報告システムで展開される会計情報を巡る需給調整の方向性は、本質的に、かかる3つのフェイズにおける選択如何に左右されることになる。

　このような仕組みは、企業とステークホルダー、それぞれの行動を通じて実体経済のダイナミクスをもたらすことにつながるが、この際、幾つかの問題が生じる可能性も介在する。とりわけ、企業の機会主義的行動が関わる場合には、様々な面で「需給上の歪み」がもたらされることになる。

　こうした背景から、経済の史的発展過程では、会計ルールの設定が求められ、その設定者の視点から、需給調整を適正な均衡点に導くための会計ルールと、その設定方法の模索が繰り返されてきた。

この過程において、そうした実体経済のダイナミクスに応えるための財務会計の制度形成に関わる様々な「論（意見）」が提示され、それらが社会的な潮流の中で議論を繰り返すなかにおいて、次第に、企業会計制度としての「理（筋道）」が形成されてきた。

ここでは、こうした前提に基づいて、企業会計制度において、現在、開示が要求されている会計情報、すなわち、財務諸表に焦点を当てて、その情報構成を概観する。

第2節　個別財務諸表の情報構成

制度会計上の財務諸表は、会社法の場合第435条2項および会社計算規則第59条1項に計算書類が、金融商品取引法の場合第193条および財務諸表等の用語、様式及び作成方法に関する規則（以下、財務諸表等規則）第1条に財務諸表が、それぞれ法定されている。

第4講で学習したように、それぞれの法制度は、その背景にある基本理念の違いから、本質的には、開示を求める会計情報内容にも違いが存在する。

これは、大規模な公開会社から小規模な非公開会社までを広く対象とする会社法と、公開会社を対象とする金融商品取引法との基本的な違いに起因している。

すなわち、広く投資者一般に対し、企業グループの行なったビジネス活動の顛末に関する会計情報をディスクローズすることを求める金融商品取引法では、企業グループの財務諸表である連結財務諸表にウエイトが置かれ、その会計情報の内容に関しても、投資意思決定に有用な情報が求められる。

これに対し、ビジネス活動を行うすべての会社を基本的に対象とする会社法の場合、企業の規模および公開性は個々に異なっていることから、どちらかといえば、株主や債権者をはじめとする各種ステークホルダーの利害調整に関わる情報についての充実化・詳細性が本質的に求められる。

しかしながら、こうした本質的な違いはあるものの、両領域において鋭意進

められる会計制度の整備によって今日では、どちらにも共通して情報価値を持つ内容も多く存在するようになっている。

　そこで、制度上は、会社法と金融商品取引法の双方の要請を満たすひとつの書類を作成開示することが可能である点に着目し、関係省庁が両者の一体的開示を行う企業の取組を支援する動きが、政策的なレベルにおいて生じている。それを公式文書化したのが、2018年12月28日に公表された内閣官房・金融庁・法務省・経済産業省による「事業報告等と有価証券報告書の一体的開示のための取組の支援について」である。

〜〜〜〜　　金融商品　〜〜〜〜〜〜〜〜〜〜〜〜〜〜〜〜〜〜〜〜〜〜〜

　国際会計の潮流から注目されはじめた金融商品という概念は広範である。

　通常の金融資産（現金預金、受取手形、売掛金、貸付金、有価証券）や金融負債（支払手形、買掛金、借入金、社債）に加え、デリバティブ取引（先物取引、オプション取引、スワップ取引）により生じる権利・義務も含まれるからである。デリバティブの会計では、契約に伴い生じる権利・義務が契約時点で認識され時価計上された上で、その後の時価変動を損益に関わらせるという処理が行われる。

〜〜〜〜〜〜〜〜〜〜〜〜〜〜〜〜〜〜〜〜〜〜〜〜〜〜〜〜〜〜〜〜〜〜〜

【貸借対照表の情報構成】

　会社計算規則では、貸借対照表についての規定を第72条から第86条に設けている。基本的には、図表終−1のように区分されており、その上で、個々の項目に関する表示が規定されている。

図表終－1　会社計算規則の貸借対照表の区分

```
貸借対照表
第73条
├ 資産の部
│ 第74条1項
│   ├ 流動資産（第74条3項・一・イからタ）
│   ├ 固定資産        ┌ 有形固定資産（第74条3項・二・イからヌ）
│   │ 74条2項 ──────┤ 無形固定資産（第74条3項・三・イからル）
│   │                └ 投資その他の資産（第74条3項・四・イからリ）
│   └ 繰延資産（第74条3項・五）、第84条
│
├ 負債の部
│ 第75条
│   ├ 流動負債（第75条2項・一・イからヌ）
│   └ 固定負債（第75条2項・二・イからリ）
│
└ 純資産の部
  第76条
    ├ 株主資本
    │ 第76条2項
    │   ├ 資本金
    │   ├ 新株式申込証拠金
    │   ├ 資本剰余金        ┌ 資本準備金
    │   │ 第76条4項 ───────┤ その他資本剰余金
    │   ├ 利益剰余金        ┌ 利益準備金
    │   │ 第76条5項 ───────┤ その他利益剰余金
    │   ├ 自己株式
    │   └ 自己株式申込証拠金
    ├ 評価・換算差額等
    ├ 株式引受権
    └ 新株予約権
```

会社計算規則では、これ以外に、下記の各資産項目の表示を規定している。

・棚卸資産及び工事損失引当金の表示（第77条）

　　同一の工事契約に係る棚卸資産及び工事損失引当金がある場合の相殺表示

・貸倒引当金の表示（第78条）

　　資産からの控除表示、区分ごとの一括控除表示の容認

・有形固定資産の減価償却の表示（第79条）

　　資産ごとの控除表示、区分ごとの一括控除表示の容認

・有形固定資産に対する減損損失累計額の表示（第80条）

　　資産ごとの控除表示、区分ごとの一括控除表示の容認、減価償却累計額との合算表示

・無形固定資産の表示（第81条）

　　資産ごとの控除表示

・関係会社株式等の表示（第82条）

・繰延税金資産負債の表示（第83条）

　　差額のみ投資その他資産または固定負債に表示

・繰延資産の表示（第84条）

　　資産ごとの控除表示

・新株予約権の表示（第86条）

　なお、経団連は、2007年2月以降、「会社法施行規則及び会社計算規則による株式会社の各種書類のひな型」を、参考資料として随時改訂を重ねながら公表し続けている。

　一方、財務諸表等規則では、さらに詳細な会計情報の開示を求めている。貸借対照表については、第11条において、次頁の様式第五号に記載することが規定されている（図表終−2）。

図表終－2 財務諸表等規則の貸借対照表（様式第五号）

様式第五号

【貸借対照表】

	前事業年度	当事業年度
	（　　　年　月　日）	（　　　年　月　日）
資産の部		
流動資産		
現金及び預金	×××	×××
受取手形	×××	×××
貸倒引当金	△×××	△×××
受取手形（純額）	×××	×××
売掛金	×××	×××
貸倒引当金	△×××	△×××
売掛金（純額）	×××	×××
契約資産	×××	×××
貸倒引当金	△×××	△×××
契約資産（純額）	×××	×××
リース債権	×××	×××
貸倒引当金	△×××	△×××
リース債権（純額）	×××	×××
リース投資資産	×××	×××
貸倒引当金	△×××	△×××
リース投資資産（純額）	×××	×××
有価証券	×××	×××
商品及び製品	×××	×××
仕掛品	×××	×××
原材料及び貯蔵品	×××	×××
前渡金	×××	×××
前払費用	×××	×××
未収収益	×××	×××
株主、役員又は従業員に対する短期債権	×××	×××
貸倒引当金	△×××	△×××
株主、役員又は従業員に対する短期債権（純額）	×××	×××
短期貸付金	×××	×××
貸倒引当金	△×××	△×××
短期貸付金（純額）	×××	×××
未収入金	×××	×××
………………	×××	×××
流動資産合計	×××	×××

固定資産		
有形固定資産		
建物	×× ×	×× ×
減価償却累計額	△×× ×	△×× ×
建物（純額）	×× ×	×× ×
構築物	×× ×	×× ×
減価償却累計額	△×× ×	△×× ×
構築物（純額）	×× ×	×× ×
機械及び装置	×× ×	×× ×
減価償却累計額	△×× ×	△×× ×
機械及び装置（純額）	×× ×	×× ×
船舶	×× ×	×× ×
減価償却累計額	△×× ×	△×× ×
船舶（純額）	×× ×	×× ×
車両運搬具	×× ×	×× ×
減価償却累計額	△×× ×	△×× ×
車両運搬具（純額）	×× ×	×× ×
工具、器具及び備品	×× ×	×× ×
減価償却累計額	△×× ×	△×× ×
工具、器具及び備品（純額）	×× ×	×× ×
土地	×× ×	×× ×
リース資産	×× ×	×× ×
減価償却累計額	△×× ×	△×× ×
リース資産（純額）	×× ×	×× ×
建設仮勘定	×× ×	×× ×
………………	×× ×	×× ×
有形固定資産合計	×× ×	×× ×
無形固定資産		
のれん	×× ×	×× ×
特許権	×× ×	×× ×
借地権	×× ×	×× ×
商標権	×× ×	×× ×
実用新案権	×× ×	×× ×
意匠権	×× ×	×× ×
鉱業権	×× ×	×× ×
漁業権	×× ×	×× ×
ソフトウエア	×× ×	×× ×
リース資産	×× ×	×× ×
公共施設等運営権	×× ×	×× ×
………………	×× ×	×× ×
無形固定資産合計	×× ×	×× ×

投資その他の資産		
投資有価証券	×××	×××
関係会社株式	×××	×××
関係会社社債	×××	×××
その他の関係会社有価証券	×××	×××
出資金	×××	×××
関係会社出資金	×××	×××
長期貸付金	×××	×××
貸倒引当金	△×××	△×××
長期貸付金（純額）	×××	×××
株主、役員又は従業員に対する長期貸付金	×××	×××
貸倒引当金	△×××	△×××
株主、役員又は従業員に対する長期貸付金（純額）	×××	×××
関係会社長期貸付金	×××	×××
貸倒引当金	△×××	△×××
関係会社長期貸付金（純額）	×××	×××
破産更生債権等	×××	×××
貸倒引当金	△×××	△×××
破産更生債権等（純額）	×××	×××
長期前払費用	×××	×××
前払年金費用	×××	×××
繰延税金資産	×××	×××
投資不動産	×××	×××
減価償却累計額	△×××	△×××
投資不動産（純額）	×××	×××
………………	×××	×××
投資その他の資産合計	×××	×××
固定資産合計	×××	×××
繰延資産		
創立費	×××	×××
開業費	×××	×××
株式交付費	×××	×××
社債発行費	×××	×××
開発費	×××	×××
繰延資産合計	×××	×××
資産合計	×××	×××

負債の部
　流動負債
　　支払手形 ××× ×××
　　買掛金 ××× ×××
　　短期借入金 ××× ×××
　　リース債務 ××× ×××
　　未払金 ××× ×××
　　未払費用 ××× ×××
　　未払法人税等 ××× ×××
　　契約負債 ××× ×××
　　前受金 ××× ×××
　　預り金 ××× ×××
　　前受収益 ××× ×××
　　修繕引当金 ××× ×××
　　……………… ××× ×××
　　資産除去債務 ××× ×××
　　公共施設等運営権に係る負債 ××× ×××
　　株主、役員又は従業員からの短期借入金 ××× ×××
　　従業員預り金 ××× ×××
　　……………… ××× ×××
　　流動負債合計 ××× ×××
　固定負債
　　社債 ××× ×××
　　長期借入金 ××× ×××
　　関係会社長期借入金 ××× ×××
　　株主、役員又は従業員からの長期借入金 ××× ×××
　　リース債務 ××× ×××
　　長期未払金 ××× ×××
　　繰延税金負債 ××× ×××
　　退職給付引当金 ××× ×××
　　……………… ××× ×××
　　資産除去債務 ××× ×××
　　公共施設等運営権に係る負債 ××× ×××
　　……………… ××× ×××
　　固定負債合計 ××× ×××
　負債合計 ××× ×××

純資産の部		
株主資本		
資本金	×××	×××
資本剰余金		
資本準備金	×××	×××
その他資本剰余金	×××	×××
資本剰余金合計	×××	×××
利益剰余金		
利益準備金	×××	×××
その他利益剰余金		
××積立金	×××	×××
………………	×××	×××
繰越利益剰余金	×××	×××
利益剰余金合計	×××	×××
自己株式	△×××	△×××
株主資本合計	×××	×××
評価・換算差額等		
その他有価証券評価差額金	×××	×××
繰延ヘッジ損益	×××	×××
土地再評価差額金	×××	×××
………………	×××	×××
評価・換算差額等合計	×××	×××
株式引受権	×××	×××
新株予約権	×××	×××
純資産合計	×××	×××
負債純資産合計	×××	×××

（記載上の注意）

1．別記事業を営んでいる場合その他上記の様式によりがたい場合には、当該様式に準じて記載すること。

2．繰延税金資産及び繰延税金負債については、第54条の規定により表示すること。

（出所：財務諸表等規則、様式第五号）

それぞれの表示規定は、次の条文で規定されている。

資産　総則（第14条）、流動資産（第15条-第21条）、固定資産（第22条-第35条）、
　　繰延資産（第36条-第38条）、雑則（第39条-第44条）

負債　総則（第45条-第46条）、流動負債（第47条-第50条）、
　　固定負債（第51条-第53条）雑則（第54条-第58条）

純資産　総則（第59条）、株主資本（第60条-第66条の2）、
　　評価・換算差額等（第67条）、株式引受権（第67条の2）、
　　新株予約権（第68条）、雑則（第68条の2-第68条の4）

~~~~　外貨建取引　~~~~~~~~~~~~~~~~~~~~~~~~~~~~

　通貨管理制度を採用する現代経済では、通貨供給量が地域ごとに管理される。そのため、企業が異なる管理通貨を利用して取引や決済を行う際（外貨建取引）には通貨の交換が必要になる。これを銀行や証券会社等を通じて行うのが為替（証書で決済）である。日々変動する為替相場を政府が管理して最小限に抑えるのが固定相場制、相場の需給にまかせるのが変動相場制である。

　企業は、外貨建取引を他の取引と同様に帳簿に記録するには、通貨を換算しなければならない。換算には、①流動・非流動法、②貨幣・非貨幣法、③テンポラル法（在外支店）、④決算日レート法（在外子会社）があり、当初取引から決済までを一連の取引と考えるか否かによって、一取引基準と二取引基準があるが、現在の日本基準では、基本的に二取引基準が採用されている。

~~~~~~

【損益計算書の情報構成】

会社計算規則では、損益計算書について第87条から95条に規定している。

図表終－3　会社計算規則の損益計算書の区分

損益計算書
第88条1項

- 売上高(売上高以外の名称を付した項目)
- 売上原価
  - 売上総利益　（第89条）
- 販売費及び一般管理費
  - 営業利益　　（第90条）
- 営業外収益
- 営業外費用
  - 経常利益　　（第91条）
- 特別利益
  第88条2項
  - 固定資産売却益
  - 前期損益修正益
  - 負ののれん発生益
  - その他の項目
- 特別損失
  第88条3項
  - 固定資産売却損
  - 減損損失
  - 災害による損失
  - 前期損益修正損
  - その他
- 税引前当期純利益　（第92条）
  - 法人税等　　　　（第93条）
  - 法人税等調整額　（ 同上 ）
- 当期純利益　　　　（第94条）

　一方、財務諸表等規則では、貸借対照表と同様、第69条で様式第六号を示し、詳細な開示を求めている（図表終‐4）。

図表終－4　財務諸表等規則の損益計算書（様式第六号）

様式第六号

【損益計算書】

（単位：　　　円）

	前事業年度	当事業年度
	（自　　年　月　日 至　　年　月　日）	（自　　年　月　日 至　　年　月　日）
売上高	×××	×××
売上原価		
商品（又は製品）期首棚卸高	×××	×××
当期商品仕入高（又は当期製品 　製造原価）	×××	×××
合計	×××	×××
商品（又は製品）期末棚卸高	×××	×××
商品（又は製品）売上原価	×××	×××
売上総利益（又は売上総損失）	×××	×××
販売費及び一般管理費		
………………	×××	×××
………………	×××	×××
………………	×××	×××
販売費及び一般管理費合計	×××	×××
営業利益（又は営業損失）	×××	×××
営業外収益		
受取利息	×××	×××
有価証券利息	×××	×××
受取配当金	×××	×××
仕入割引	×××	×××
投資不動産賃貸料	×××	×××
………………	×××	×××
………………	×××	×××
営業外収益合計	×××	×××
営業外費用		
支払利息	×××	×××
社債利息	×××	×××
社債発行費償却	×××	×××
売上割引	×××	×××
………………	×××	×××
………………	×××	×××
営業外費用合計	×××	×××
経常利益（又は経常損失）	×××	×××

特別利益		
固定資産売却益	×××	×××
負ののれん発生益	×××	×××
……………	×××	×××
……………	×××	×××
特別利益合計	×××	×××
特別損失		
固定資産売却損	×××	×××
減損損失	×××	×××
災害による損失	×××	×××
……………	×××	×××
……………	×××	×××
特別損失合計	×××	×××
税引前当期純利益（又は税引前当期純損失）	×××	×××
法人税、住民税及び事業税	×××	×××
法人税等調整額	×××	×××
法人税等合計	×××	×××
当期純利益（又は当期純損失）	×××	×××

（記載上の注意）

別記事業を営んでいる場合その他上記の様式によりがたい場合には、当該様式に準じて記載すること。

（出所：財務諸表等規則、様式第六号）

それぞれの表示規定は、次の条文で規定されている。

売上高及び売上原価（第72条-第83条）

販売費及び一般管理費（第84条-第89条）

営業外収益及び営業外費用（第90条-第95条）

特別利益及び特別損失（第95条の2-第95条の4）

当期純利益又は当期純損失（第95条の5-第95条の5の3）

雑則（第96条-第98条の2）

図表終−5　財務諸表等規則の株主資本等変動計算書（様式第七号）

当事業年度（自　年　月　日　至　年　月　日）

(単位：円)

| | 株主資本 | | | | | | | | | | 評価・換算差額等 | | | | 株式引受権 | 新株予約権 | 純資産合計 |
| | 資本金 | 資本剰余金 | | | 利益剰余金 | | | | 自己株式 | 株主資本合計 | その他有価証券評価差額金 | 繰延ヘッジ損益 | 土地再評価差額金 | 評価・換算差額等合計 | | | |
		資本準備金	その他資本剰余金	資本剰余金合計	利益準備金	その他利益剰余金 ××積立金	繰越利益剰余金	利益剰余金合計									
当期首残高	×××	×××	×××	×××	×××	×××	×××	×××	△×××	×××	×××	×××	×××	×××	×××	×××	×××
当期変動額																	
新株の発行	×××	×××		×××						×××							×××
剰余金の配当					×××		△×××	△×××		△×××							△×××
当期純利益							×××	×××		×××							×××
自己株式の処分									×××	×××							×××
………																	
株主資本以外の項目の当期変動額（純額）											×××	×××	×××	×××	×××	×××	×××
当期変動額合計	×××	×××	−	×××	×××	−	×××	×××	×××	×××	×××	×××	×××	×××	×××	×××	×××
当期末残高	×××	×××	×××	×××	×××	×××	×××	×××	△×××	×××	×××	×××	×××	×××	×××	×××	×××

(出所：財務諸表等規則、様式第七号)

【株主資本等変動計算書の情報構成】

　株主資本等変動計算書に関して、会社計算規則では第96条において、財務諸表等規則では第99条から第109条の2において、それぞれ規定している。この計算書は、稼得資本の会計領域で行われる期間損益の振替および剰余金の処分の前後の姿を描写する財務諸表である。

【注記と附属明細書】

　注記に関しては、会社計算規則では第97条から116条において、財務諸表等規則では第8条の2から第10条の2において、それぞれ規定している。様々な注記の中でも、継続企業の前提に関する注記、重要な会計方針の注記、会計上の見積りに関する注記、一株当たりの利益の注記、重要な後発事象の注記は、重要性が高い。

　また、附属明細書に関しては、会社計算規則では第117条において、財務諸表等規則では第120条から第126条において、それぞれ規定している。

会社計算規則第117条
1　有形固定資産及び無形固定資産の明細
2　引当金の明細
3　販売費及び一般管理費の明細
4　第112条第1項ただし書の規定により省略した事項（あるとき）

財務諸表等規則第121条の附属明細書
1　有価証券明細表
2　有形固定資産等明細表
3　社債明細表
4　借入金等明細表
5　引当金明細表
6　資産除去債務明細表

【財務諸表の遡求処理】

遡求処理に関しては、会計方針の変更、表示方法の変更、誤謬の訂正（修正再表示を行う）については行われるが、会計上の見積りの変更については行わない（企業会計基準第24条）。

第3節　連結財務諸表の情報構成

（a）連結財務諸表に対する情報ニーズ

企業は、「法人」という法律上の個別の企業を単位とする存在である。そのため、ビジネス活動の内容の決定、事業運営上戦略の策定、会計責任、納税義務をはじめとするビジネス上の権利義務および権利能力は、この法律上の個別の企業単位に付与されるのが、会社制度の本来のルールである。

しかしながら、日々変容するビジネス環境は、高度にかつ複雑に展開しているため、企業のビジネス活動に関しても、こうした環境において少しでも有利に展開させることを目的として、法的な単位を超えて、企業グループ（あるいは企業集団ともいう）により、経済効率性を追求する形で営まれることも非常に多くなっている。

このように企業グループ単位で展開されるビジネス活動をひとつの組織体とみなして捉える場合、企業・経営者もそのステークホルダーも、ともにこのグループ単位のビジネス活動の顛末に関する会計情報に関心を有することになる。

こうした、企業グループ単位に対する会計情報ニーズに応えるべく、企業会計制度に導入されたのが「連結財務諸表」とその作成に関する連結会計の領域である。

この連結会計の領域では、経済的・実質的に支配従属の関係にある親会社と子会社の企業関係をひとつの組織体とみなして、その企業集団としての「連結財務諸表」が親会社によって作成される。この連結財務諸表の登場によって、法律上の企業単位で作成する財務諸表は「個別財務諸表」と呼ばれるように

なっている。

　連結会計を適用する場合、報告主体とグループの範囲をどのように規定し、そこに如何なるルールを課すかという点が問題となる。前者の問題は企業実体（エンティティ）の公準に関わる問題であり、経済的・実質的に支配従属の関係にある親会社と子会社の企業関係をどのように規定するかという問題である。

　これらについては、会計学上では、親会社説、経済的単一説等があり、それぞれ捉え方が異なる。

　親会社説では、持株基準で連結範囲を決定し、少数株主持分の表示は純資産か負債の一項目として扱われるが、経済的単一説の場合には、支配力基準で連結範囲を決定し、被支配株主持分が株主資本の一項目に表示されることになる。

　かつて、日本の会計制度では、親会社説を採用していたが、経済環境の変容とグローバルな潮流に合わせて、支配力基準（①他の企業の議決権の過半数を所有する、あるいは①に満たなくとも、高い割合の議決権を所有し、かつ、当該会社の意思決定機関を支配する一定事実が存在する）へと変更している。

　制度会計上の沿革に関しては、まず、金融商品取引法会計において1978年3月期より有価証券報告書を作成する企業に対し、個別財務諸表を補う情報と位置付けた開示義務が課され、その後、会計ビッグバンを経て、2000年3月期から連結財務諸表が主たる財務諸表という位置付けに変更されている。

　また、会社法においても、2003年4月以降に開始する年度からは、上記の有価証券報告書の適用会社について、「連結計算書類」の作成・報告義務が課されている。

　さらに、法人税法上においても、親会社に連結納税制度の選択を認めるようになっている。ただし、この制度は完全支配関係にある会社を対象とし、また一定の条件が付されている点で違いがあり、注意が必要である。

（b）連結財務諸表の作成

　連結財務諸表の作成に関しては、一般基準として、①真実性の原則、②個別

財務諸表準拠性の原則、③明瞭性の原則、④継続性の原則の４つが適用される（企業会計基準第22号）。そのため、個別財務諸表と連結財務諸表で扱いの異なる退職給付会計等については、連結に先立って適切に修正する必要があるので注意しなければならない。

　連結財務諸表は、他の会計領域と異なり、帳簿の段階では、別々の法人単位における記帳が行われるため、アウトプットされた親会社と子会社の財務諸表の数値を合算し、そこから必要な連結修正仕訳を行うことで作成される。

図表終－6　連結財務諸表の作成手順

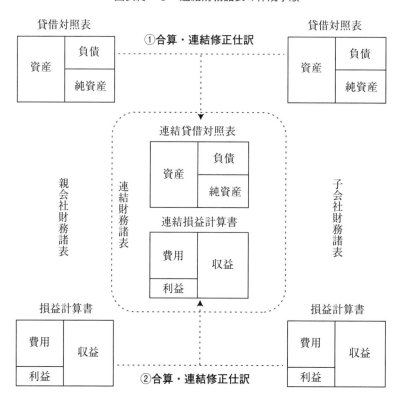

この関係は、図表終－6に示しているように、2つの段階から成っている。すなわち、①親会社と子会社の貸借対照表の合算と連結修正仕訳を通じて、連結貸借対照表を作成する手続きと、②親会社と子会社の損益計算書の合算と連結修正仕訳を通じて、連結損益計算書を作成する手続きが、連結精算書を用いて行われる。

さらに、この連結財務諸表上のデータを基礎として、連結キャッシュ・フロー計算書も作成する必要がある。

ただし、留意しなければならないのは、帳簿レベルでの合算ではないため、毎年度の連結財務諸表の作成時において、連結が開始されて以降の状態を開始仕訳により反映した上で、当該年度の連結修正仕訳を行う必要がある、ということである。特に、資本関係の変動の描写は、持分の計算、連結の範囲、支配・被支配それぞれの利益額計算にも関わる事項であるため、重要である。

（c）連結貸借対照表の作成

連結貸借対照表は、親会社と子会社の個別貸借対照表の合算と、必要な連結修正仕訳を通じて作成される。

具体的には、子会社の資産・負債の評価を調整した上で、親会社と子会社の貸借対照表の項目を科目ごとに合算し、次の2つの修正仕訳を行う。

①親会社・子会社相互間の「投資」と「資本」の相殺消去

これは、親会社側は、親会社となるに際して子会社の株式を資産として取得し、それが子会社側からみると、自己資本調達時に発行した株式に対する親会社所有割合が、発行株式の過半数（あるいは過半数近く）を占める、という関係に着目して行う会計処理である。

基本的には、親会社が持つ子会社の株式と子会社の資本項目を下記のように相殺消去する。この際、子会社の資産・負債を時価で評価した差額を評価差額として処理する。

また、子会社の支配獲得にあたり超過収益力に着眼して、子会社の純資産額

（時価）を上回る金額で取得した場合には、下記のように無形固定資産である「のれん」が発生する。

【基本的な仕訳】

（借方）（子会社の）資本金	××	（貸方）（親会社所有の）子会社株式 ××
（子会社の）資本剰余金	××	非支配株主持分 ××
（子会社の）利益剰余金	××	
（子会社の）評価差額	××	
の　れ　ん	××	

　もうひとつ重要なことは、子会社の貸借対照表の資産、負債、純資産の各数値は、支配株主である親会社以外の所有者の保有する株式の割合についても反映していることである。したがって、この非支配株主持分の割合に相当するデータが含まれていることを明示しなければならない。仕訳の貸方には、そのような意味から「非支配株主持分」が表示されることになる。

　この非支配株主持分が存在する場合は、子会社の資産・負債に、親会社持分相当額と、非支配株主持分相当額が存することになるため、時価評価の際に、それらの違いを考えない「全面時価評価法」と、親会社に相当する部分だけを時価評価する「部分時価評価法」の2つの方法が考えられることになる。現在では、会計基準によって「全面時価評価法」が採用されるに至っている。

　なお、これ以外にも「資本連結の手続き」には、「段階的取得による支配」、「子会社株式の増資」「子会社株式の売却」「債務超過子会社の連結」等様々なケースが存在しており、それらに合わせた処理が行われることになる。

②親会社・子会社相互間の債権および債務の相殺消去

　親会社・子会社相互間の債権・債務には、様々なものがある。例えば、売掛金および買掛金、受取手形と支払手形等、相互間の売買に伴って生じる債権債務はグループで見ると内部の取引であるから相殺の対象となる。これ以外にも、貸付金と借入金や、費用・収益の経過勘定、社債等も存在する。

しかし、なかには相殺を行えないものもある。例えば、相互間で授受した手形について割引に付された場合には、その金額はグループ内では、割引による借入れを行うこととみることができるからである。

これ以外にも債権債務の相殺に伴って生じる修正仕訳もある。例えば、貸倒引当金については、相殺金額に相当する部分の修正が必要である。

（d）連結損益計算書の作成

連結損益計算書は、親会社と子会社の損益計算書の合算と、必要な連結修正仕訳を通じて作成される（税効果会計も適用される）。

具体的には、親会社と子会社の損益計算書の項目を科目ごとに合算し、次の2つの修正仕訳を行う。

①親会社・子会社相互間の取引高の消去

親会社・子会社相互間で行われた販売活動その他の取引は、グループ内部の取引とみなすことができるので、消去の対象となる。

このようなものには、商品等の売上高と売上原価、資金融通による利息の受取りと支払い、親会社に対する配当等がある。

②親会社・子会社相互間の未実現利益の消去

親会社・子会社相互間において棚卸資産や固定資産（土地や備品等）等の資産を売買するケースには、①親会社が取得している資産を子会社に販売するケース（これをダウンストリームという）と、②子会社が取得している資産を親会社に販売するケース（これをアップストリームという）の2種類が存在する。

グループ内部の未実現利益という観点から考えると、①の場合には、親会社側に生じている未実現利益を扱うケースとなり、②の場合には、子会社に生じている未実現利益を扱うケースとなる。

連結財務諸表の作成を考える場合、①の場合には親会社が自己の側に生じている未実現損益の消去を行えば良いのであるが、②の場合には、非支配株主持

分が存在するため、次の３つの消去パターンが考えられることになる。

　会計基準では、経済的単一説と首尾一貫する視点として、このうちのbの按分方式を採用している。

ダウンストリームの際の未実現利益の消去方法

　　a　子会社の未実現利益の全額を親会社の負担で消去する方法

　　b　子会社の未実現利益を親会社・非支配株主間の按分負担で消去する方法

　　c　子会社の未実現利益のうち親会社の持分に相当する分を消去する方法

棚卸資産（期末商品）に含まれる未実現利益の消去の仕訳例

ダウンストリームの場合

（借方）　　　売上原価　　××　　　　（貸方）　　　繰越商品　　××

アップストリームの場合

（借方）　　　売上原価　　××　　　　（貸方）　　　繰越商品　　××
　　　　非支配株主持分当期変動額　××　　　　　　　非支配株主に帰属する当期純利益　××

（e）持分法の適用

　経営上重要な影響力を持つ非連結子会社や関連会社には、持分法が適用される（会社計算規則69条）。連結財務諸表が財務諸表を合算してグロスの関係性とその影響を表すのに対し、持分法は、他の所有者に関わる情報を非表示とする必要性から、投資勘定（子会社および関連会社株式）の評価を行うことでネットの関係性とその影響を財務諸表に表現する。

（f）その他の財務諸表

　連結財務諸表では、連結包括利益計算書、連結株主資本等計算書、連結キャッシュフロー計算書、連結附属明細表が作成される。ここでは、包括利益計算書をとり上げる。

【包括利益計算書】

　純資産の変動額には、基本的に2つの種類が存在する。期間損益は、期中の企業グループが行った損益取引を背景に生じた利益であり、評価・換算差額等は、期中の時価評価等を背景として生じた損益取引を通さないスナップショットとしての利益額である。これらを合わせ、包括利益という概念で捉えることにより、次のようなクリーンサープラス関係の成立が確認できることになる。

【包括利益概念に基づくクリーンサープラス関係】

　　　期末の純資産　＝　期首の純資産　＋　包括利益　－　剰余金の配当

　なお、包括利益に分類される評価・換算差額の処理については、後日実現した際にリサイクリング（組替調整）を行う考え方と、行わない考え方とがあり、会計基準の設定にも大きな影響を及ぼしている。日本では当期純利益が重視されているためリサイクリングするという理論的な考え方を採っている。

第4節　IFRSの適用を巡る動向

　日本におけるIFRSの適用を巡っては、次のような動きがある。
①「東京合意」の公表
　2007年8月8日、ASBJとIASBは、「会計基準のコンバージェンスの加速化に向けた取組みへの合意（いわゆる「東京合意」）」を公表した。

　これは、高品質な会計基準へのコンバージェンスが、世界各国の資本市場に大きな便益をもたらすと考える両基準設定主体が、共同プロジェクトを通じてまずは短期コンバージェンスで重要な差異を解消し、その後、残りの差異の解消も図るというものであった。

②「我が国における国際会計基準の取扱いに関する意見書」の公表
　2009年6月30日、企業会計審議会が同意見書で下記事項を表明し、これに

基づいて、2010年3月期から一定要件（上場していること、IFRSによる連結財務諸表等の適正性確保への取組・体制整備をしていること、国際的な財務活動又は事業活動を行っていること）を満たす企業のIFRSの任意適用が開始された（連結財務諸表規則第1条の2）。

　　　・IFRSの適用に向けた基本的考え方の提示
　　　・IFRS適用に向けた課題の確認
　　　・強制適用を視野に入れつつ任意適用を認める方向性
　　　・EUに倣い連結財務諸表にのみ適用する方向性

　任意適用当時、日本公認会計士協会（JICPA）と金融庁は次の啓蒙的書類を公表している。
　　・日本公認会計士協会「正しく知りたいIFRS」（2010年3月31日）
　　　　IFRS についての正しい情報を提供して、中堅企業経営者・ビジネスマン・投資家に的確な理解を促すことを目的に、日本公認会計士協会が制作したリーフレット。
　　・金融庁「国際会計基準（IFRS）に関する誤解」（2010年4月）
　　　　IFRSに関して、誤解を招く情報が流布されているとの指摘があることから、IFRSに関して誤解があると思われる事例を集めたもの

③企業会計審議会「国際会計基準（IFRS）への対応のあり方に関する当面の方針」の公表

　2013年6月19日、企業会計審議会が意見を表明し、これに基づいてIFRS任意適用が緩和され、将来的なコンバージェンスへのステップとして、日本基準、米国基準、IFRS、およびエンドースメントされたIFRS（修正国際基準：JMIS）の4種類の会計基準併存状態が位置付けられた。

　10月28日には、内閣府令第70号「連結財務諸表の用語、様式及び作成方法に関する規則等の一部を改正する内閣府令」等が公布されている。

【ASBJ修正会計基準】

・「修正国際基準（国際会計基準と企業会計基準委員会による修正会計基準によって構成される会計基準)」の公表にあたって　　　　　　　　　　（2015年6月30日）

・修正国際基準の適用　　　　　　（2015年6月30日:2018年12月27日修正）

第1号　のれんの会計処理　　　　（2015年6月30日:2018年4月11日修正）

第2号　その他の包括利益の会計処理　（2015年6月30日:2018年4月11日修正）

IFRSの任意適用企業数は、2021年5月現在、下記のようになっている。

IFRS適用済会社数	220社
IFRS適用決定会社数	12社
合　計	232社

（出所：日本取引所グループホームページ、https://www.jpx.co.jp/listing/others/ifrs/index.html 最終閲覧日2021年5月24日）

なお、日本取引所グループでは、IFRSへの取り組みとして、次のような活動を行なっている。

・決算短信・四半期決算短信の作成要領等の公表
・会計基準の選択に関する基本的な考え方の開示内容の分析の実施
・JPX日経インデックス400の開発
　（国際的な投資基準に求められる諸要件を満たした会社で構成する新指数）
・IFRS対応方針協議会への参加　　………

なお、会社計算規則では、次のように規定されている。

【国際会計基準で作成する連結計算書類に関する特則】

第120条

連結財務諸表の用語、様式及び作成方法に関する規則（昭和51年大蔵省令第28号）第93条の規定により連結財務諸表の用語、様式及び作成方法について指定国際会計基準（同条に規定する指定国際会計基準をいう。以下この条において同じ。）に従うことができるものとされた株式会社の作成すべき連結計算書類は、指定国際会計基準に従って作成することができる。

この場合においては、第一章から第五章までの規定により第61条第1号に規定する連結計算書類において表示すべき事項に相当するものを除くその他の事項は、省略することができる。

2　前項の規定により作成した連結計算書類には、指定国際会計基準に従って作成した連結計算書類である旨を注記しなければならない。

3　第一項後段の規定により省略した事項がある同項の規定により作成した連結計算書類には、前項の規定にかかわらず、第一項の規定により作成した連結計算書類である旨及び同項後段の規定により省略した事項がある旨を注記しなければならない。

【修正国際基準で作成する連結計算書類に関する特則】

第120条の2

連結財務諸表の用語、様式及び作成方法に関する規則第94条の規定により連結財務諸表の用語、様式及び作成方法について修正国際基準（同条に規定する修正国際基準をいう。以下この条において同じ。）に従うことができるものとされた株式会社の作成すべき連結計算書類は、修正国際基準に従って作成することができる。

2　前項の規定により作成した連結計算書類には、修正国際基準に従って作成した連結計算書類である旨を注記しなければならない。

3　前条第一項後段及び第三項の規定は、第一項の場合について準用する

付録　会計基準一覧

（1）企業会計審議会

企業会計原則　　　　　　　　　　　　（1949年 7 月 9 日：1982年 4 月20日修正）

企業会計原則注解　　　　　　　　　　（1954年 7 月14日：1982年 4 月20日修正）

企業会計原則と関係諸法令との調整に関する連続意見書　　　　　（1960年 6 月22日）

　　第一「財務諸表の体系について」

　　第二「財務諸表の様式について」

　　第三「有形固定資産の減価償却について」

企業会計原則と関係諸法令との調整に関する連続意見書　　　　　（1962年 8 月 7 日）

　　第四「棚卸資産の評価について」

　　第五「繰延資産について」

連結財務諸表原則　　　　　　　　　　（1975年 6 月24日：1997年 6 月 6 日改正）

中間財務諸表作成基準　　　　　　　　　　　　　　　　　　　　（1977年 3 月29日）

外貨建取引等会計処理基準　　　　　　　　　　　　　　　　　　（1979年 6 月26日）

セグメント情報の開示に関する意見書　　　　　　　　　　　　　（1988年 5 月26日）

先物・オプション取引等の会計基準に関する意見書等　　　　　　（1990年 5 月29日）

リース取引に係る会計基準に関する意見書　　　　　　　　　　　（1993年 6 月17日）

中間連結財務諸表等の作成に関する意見書　　　　　　　　　　　（1998年 3 月13日）

連結キャッシュ・フロー計算書類等の作成基準の設定に関する意見書

　　　　　　　　　　　　　　　　　　　　　　　　　　　　　　（1998年 3 月13日）

研究開発費等に係る会計基準に関する意見書　　　　　　　　　　（1998年 3 月13日）

退職給付に係る会計基準の設定に関する意見書　　　　　　　　　（1998年 6 月16日）

税効果会計に係る会計基準に関する意見書　　　　　　　　　　　（1998年10月30日）

金融商品に係る会計基準に関する意見書　　　　　　　　　　　　（1999年 1 月22日）

固定資産の減損に係る会計基準に関する意見書　　　　　　　　　（2002年 8 月 9 日）

企業結合に係る会計基準に関する意見書　　　　　　　　　　　　（2003年10月31日）

（2）ASBJの会計基準

【企業会計基準】

第1号　自己株式及び準備金の額の減少等に関する会計基準

(2002年 2月21日:2015年 3月26日修正)

第2号　1株当たり当期純利益に関する会計基準 (2002年 9月25日:2020年 3月31日修正)

第3号　※ 企業会計基準第26号（2012年5月17日公表）の適用により廃止

第4号　役員賞与に関する会計基準　　　　　　　　　　　　　(2005年11月29日)

第5号　貸借対照表の純資産の部の表示に関する会計基準

(2005年12月 9日:2021年1月28日修正)

第6号　株主資本等変動計算書に関する会計基準 (2005年12月27日:2020年 3月31日修正)

第7号　事業分離等に関する会計基準 (2005年12月27日:2019年 1月16日修正)

第8号　ストック・オプション等に関する会計基準

(2005年12月27日:2013年 9月13日修正)

第9号　棚卸資産の評価に関する会計基準　(2006年 7月 5日:2020年 3月31日修正)

第10号　金融商品に関する会計基準　　　(2006年 8月11日:2019年 7月 4日修正)

第11号　関連当事者の開示に関する会計基準　(2006年10月17日:2016年12月26日修正)

第12号　四半期財務諸表に関する会計基準　(2007年 3月14日:2020年 3月31日修正)

第13号　リース取引に関する会計基準　　　　　　　　　　　(2007年 3月30日)

第14号　※ 企業会計基準第26号（2012年5月17日公表）の適用により廃止

第15号　※ 企業会計基準第29号（2018年3月30日公表、2020年3月31日改正）の適用により廃止

第16号　持分法に関する会計基準　　　　(2008年12月26日:2015年 3月26日修正)

第17号　セグメント情報等の開示に関する会計基準

(2008年 3月21日:2020年 3月31日修正)

第18号　資産除去債務に関する会計基準　(2008年 3月31日:2012年 5月17日修正)

第19号　※ 企業会計基準第26号（2012年5月17日公表）の適用により廃止

第20号　賃貸等不動産の時価等の開示に関する会計基準

(2008年11月28日:2019年 7月 4日修正)

第21号　企業結合に関する会計基準　　　　　（2008年12月26日:2020年 3月31日修正）

第22号　連結財務諸表に関する会計基準　　　（2008年12月26日:2020年 3月31日修正）

第23号　「研究開発費等に係る会計基準」の一部改正　　　　　　　（2008年12月26日）

第24号　会計方針の開示、会計上の変更及び誤謬の訂正に関する会計基準

（2009年12月 4日:2020年 3月31日修正）

第25号　包括利益の表示に関する会計基準　（2010年 6月30日:2020年 3月31日修正）

第26号　退職給付に関する会計基準　　　　（2012年 5月17日:2020年 3月31日修正）

第27号　法人税、住民税及び事業税等に関する会計基準

（2017年 3月16日:2020年 3月31日修正）

第28号　「税効果会計に係る会計基準」の一部改正

（2018年 2月16日:2020年 3月31日修正）

第29号　「収益認識に関する会計基準」　　（2018年 3月30日:2020年 3月31日修正）

第30号　時価の算定に関する会計基準　　　（2019年 7月 4日:2020年 3月31日修正）

第31号　会計上の見積りの開示に関する会計基準　　　　　　　　　　（2020年3月31日）

【企業会計基準適用指針】

第 1 号　退職給付制度間の移行等に関する会計処理

（2002年 1月31日:2019年 7月 4日修正）

第 2 号　自己株式及び準備金の額の減少等に関する会計基準の適用指針

（2002年 2月21日:2019年 7月 4日修正）

第 3 号　その他資本剰余金の処分による配当を受けた株主の会計処理

（2002年 2月21日:2005年12月27日修正）

第 4 号　1株当たり当期純利益に関する会計基準の適用指針

（2002年 9月25日:2020年 3月31日修正）

第 5 号　※ 改正企業会計基準適用指針第2号（2005年12月27日公表）の適用により廃止

第 6 号　固定資産の減損に係る会計基準の適用指針

（2003年10月31日:2019年 7月 4日修正）

第 7 号　※ 企業会計基準第26号（2012年5月17日公表）の適用により廃止

第 8 号　貸借対照表の純資産の部の表示に関する会計基準等の適用指針

　　　　　　　　　　　　　　　　（2005年12月 9日:2021年 1月28日修正）

第 9 号　株主資本等変動計算書に関する会計基準の適用指針

　　　　　　　　　　　　　　　　（2005年12月27日:2021年 1月28日修正）

第10号　企業結合会計基準及び事業分離等会計基準に関する適用指針

　　　　　　　　　　　　　　　　（2005年12月27日:2019年 7月 4日修正）

第11号　ストック・オプション等に関する会計基準の適用指針

　　　　　　　　　　　　　　　　（2005年12月27日:2006年 5月31日修正）

第12号　その他の複合金融商品（払込資本を増加させる可能性のある部分を含まない複合
　　　　金融商品）に関する会計処理　　　　（2006年 3月30日:2008年 3月10日修正）

第13号　関連当事者の開示に関する会計基準の適用指針

　　　　　　　　　　　　　　　　（2006年10月17日:2008年12月26日修正）

第14号　四半期財務諸表に関する会計基準の適用指針

　　　　　　　　　　　　　　　　（2007年 3月14日:2020年 3月31日修正）

第15号　一定の特別目的会社に係る開示に関する適用指針

　　　　　　　　　　　　　　　　（2007年 3月29日:2011年 3月25日修正）

第16号　リース取引に関する会計基準の適用指針

　　　　　　　　　　　　　　　　（2007年 3月30日:2011年 3月25日修正）

第17号　払込資本を増加させる可能性のある部分を含む複合金融商品に関する会計処理

　　　　　　　　　　　　　　　　（2007年 4月25日:2019年 7月 4日修正）

第18号　※ 企業会計基準第29号（2018年3月30日公表、2020年3月31日改正）の適用によ
　　　　り廃止

第19号　金融商品の時価等の開示に関する適用指針

　　　　　　　　　　　　　　　　（2008年 3月10日:2020年 3月31日修正）

第20号　セグメント情報等の開示に関する会計基準の適用指針

　　　　　　　　　　　　　　　　（2008年 3月21日:2012年 5月17日修正）

第21号　資産除去債務に関する会計基準の適用指針

　　　　　　　　　　　　　　　　（2008年 3月31日:2011年 3月25日修正）

第22号　連結財務諸表における子会社及び関連会社の範囲の決定に関する適用指針

(2008年 5月13日:2011年 3月25日修正)

第23号　賃貸等不動産の時価等の開示に関する会計基準の適用指針　　(2008年11月28日)

第24号　会計方針の開示、会計上の変更及び誤謬の訂正に関する会計基準の適用指針

(2009年12月 4日:2020年 3月31日修正)

第25号　退職給付に関する会計基準の適用指針　　(2012年 5月17日:2020年 3月31日修正)

第26号　繰延税金資産の回収可能性に関する適用指針

(2015年12月28日:2020年 3月31日修正)

第27号　※ 企業会計基準適用指針第28号（2018年2月16日公表）の適用により廃止

第28号　税効果会計に係る会計基準の適用指針　　(2018年 2月16日:2020年 3月31日修正)

第29号　中間財務諸表等における税効果会計に関する適用指針　　　(2018年 2月16日)

第30号　収益認識に関する会計基準の適用指針　　(2018年 3月30日:2021年 3月26日修正)

第31号　時価の算定に関する会計基準の適用指針　　　　　　(2019年 7月4日)

著者略歴

中村 文彦（なかむらふみひこ）

（学歴）
早稲田大学大学院商学研究科修士課程、千葉大学大学院社会文化科学研究科後期博士課程、慶應義塾大学大学院商学研究科修士課程および後期博士課程において財務会計を専攻。商学修士（早稲田大学）、商学修士（慶應義塾大学）、博士（経済学）（千葉大学）を取得。

（職歴）
千葉経済大学経済学部（助手および専任講師）、弘前大学人文学部（准教授）、福島大学経済経営学類（准教授）を経て、2018年4月より長野県立大学グローバルマネジメント学部准教授。
現在、慶應義塾大学経済学部および大学院法務研究科、国税庁税務大学専科の非常勤講師を兼任。

（主要業績：単著）
『簿記の思考と技法』森山書店、2018年、第2版2021年。
『退職給付の財務報告 ―利害調整と信頼性付与の構造―』森山書店、2003年。
「純資産の意味（考）」『會計』第198巻第1号、2020年。

（翻訳書：共訳）
「グローバル財務報告 ―その真実と未来への警鐘」中央経済社、2009年。

財務会計制度の論と理

2021年7月15日　初版第1刷発行

著　者　ⓒ中　村　文　彦

発行者　菅　田　直　文

発行所　有限会社　森山書店　　東京都千代田区神田司町2-17
　　　　　　　　　　　　　　　上田司町ビル（〒101-0048）
　　　　TEL 03-3293-7061 FAX 03-3293-7063　振替口座 00180-9-32919

落丁・乱丁本はお取りかえ致します　　印刷／製本・シナノ書籍印刷

ISBN 978-4-8394-2189-2